Scoprire i Giochi Gratuiti Online

Disponibile Qui:

BestActivityBooks.com/FREEGAMES

5 CONSIGLI PER INIZIARE

1) COME RISOLVERE LE PAROLE INTRECCIATTE

I puzzle hanno un formato classico:

- Le parole sono nascoste senza spazi o trattini,...
- Orientamento: Le parole possono essere scritte in avanti, indietro, verso l'alto, verso il basso o in diagonale (possono essere invertite).
- Le parole possono sovrapporsi o intersecarsi.

2) APPRENDIMENTO ATTIVO

Accanto ad ogni parola c'è uno spazio per scrivere la traduzione. Per incoraggiare l'apprendimento attivo, un **DIZIONARIO** alla fine di questa edizione vi permetterà di controllare e ampliare le vostre conoscenze. Cerca e scrivi le traduzioni, trovale nel puzzle e aggiungile al tuo vocabolario!

3) SEGNARE LE PAROLE

Puoi inventare il tuo sistema di segni. Forse ne usi già uno? Per esempio, puoi segnare le parole difficili da trovare con una croce, le parole preferite con una stella, le parole nuove con un triangolo, le parole rare con un diamante, e così via.

4) STRUTTURARE L'APPRENDIMENTO

Questa edizione offre un **TACCUINO** alla fine del libro. In vacanza, in viaggio o a casa, puoi organizzare facilmente le tue nuove conoscenze senza bisogno di un secondo quaderno!

5) AVETE FINITO TUTTE LE GRIGLIE?

Nelle ultime pagine di questo libro, nella sezione della **SFIDA FINALE**, troverete un gioco gratuito!

Facile e veloce! Dai un'occhiata alla nostra collezione di libri di attività per il tuo prossimo momento di divertimento e **apprendimento,** a portata di clic!

Trova la tua prossima sfida su:

BestActivityBooks.com/MioProssimoLibro

Ai vostri posti, pronti...Via!

Sapevi che ci sono circa 7.000 lingue diverse nel mondo? Le parole sono preziose.

Amiamo le lingue e abbiamo lavorato duramente per creare libri di altissima qualità. I nostri ingredienti?

Una selezione di argomenti adatti all'apprendimento, tre buone porzioni di intrattenimento, una cucchiaiata di parole difficili e una spolverata di parole rare. Li serviamo con amore e entusiasmo in modo che tu possa risolvere i migliori giochi di parole e divertirti imparando!

La vostra opinione è essenziale. Puoi partecipare attivamente al successo di questo libro lasciandoci un commento. Ci piacerebbe sapere cosa ti è piaciuto di più di questa edizione.

Ecco un link veloce alla pagina dell'ordine:

BestBooksActivity.com/Recensione50

Grazie per il vostro aiuto e buon divertimento!

Tutta la squadra

1 - Scacchi

ق	ه	ر	م	ا	ن	ب	ئ	م	ئ	ن	م	ژ	خ
ر	و	ج	ق	ی	پ	ا	د	ش	ا	ه	ظ	غ	ظ
ب	چ	ا	ن	م	و	ر	ب	ا	ز	ی	س	ح	د
ا	ث	س	ن	ف	م	س	ا	ب	ق	ا	ت	ب	پ
ن	ل	ت	ق	ی	ژ	خ	ز	ب	ر	آ	ذ	پ	ت
ی	ح	ر	ی	ف	ن	ف	ی	ژ	ل	م	و	چ	ق
ی	ش	ا	ژ	ذ	ذ	ظ	ک	ی	ز	ئ	ج	چ	ف
ظ	ش	ت	ح	ف	ج	ل	ن	د	ر	ز	ق	گ	چ
ظ	م	ژ	ئ	ج	م	س	ی	ا	ه	ز	چ	ح	ا
ح	ل	ی	چ	ي	ض	س	ف	ص	غ	و	ق	ذ	ح
ک	ک	ز	م	ا	ن	ش	ا	ی	ط	ظ	ج	د	غ
پ	ه	چ	ب	ل	ی	غ	ژ	ب	د	خ	ن	ف	ئ
ح	ت	ش	ش	ل	و	ی	ی	ض	ق	ط	ر	ق	ا
م	ن	ف	ع	ل	ب	ا	ه	و	ش	ه	ذ	ح	و

حریف
سفید
قهرمان
مسابقه
مورب
بازیکن
بازی
باهوش
سیاه

منفعل
پادشاه
ملکه
قوانین
قربانی
استراتژی
زمان
مسابقات

2 - Strumenti

ص	چ	س	ب	چ	ط	م	پ	ی	چ	ي	ت	ت	و
ت	ا	ن	ب	ر	د	س	ت	ی	غ	ح	گ	ک	ع
ژ	ق	ق	ی	چ	ی	چ	ک	ا	ب	ل	ب	ظ	ن
ژ	و	ط	ل	د	آ	ط	ک	ط	ئ	م	ی	ت	ت
ظ	ج	ض	ک	ب	ا	ل	ع	ا	ن	چ	ک	ش	ع
ث	ط	و	گ	ک	ذ	ر	ی	ت	ف	ا	چ	ر	خ
ض	ي	ا	آ	ذ	ن	ا	خ	ی	و	ر	ب	ط	ف
م	ن	گ	ن	ه	ر	ث	د	ر	ت	ق	ث	غ	ئ
ظ	د	آ	م	ي	د	ف	ض	د	غ	م	غ	ز	ا
ث	ت	ی	س	ض	ب	غ	ل	غ	د	ر	ش	ي	ب
خ	گ	ب	ي	ط	ا	ت	ژ	ع	ک	ر	ش	ع	ن
م	ص	م	ر	ئ	ن	ح	ذ	پ	ن	و	ف	ئ	ل
خ	ع	ض	ل	ز	ش	ر	ق	ی	ب	ئ	ژ	ع	چ
ف	پ	ذ	ب	ز	ر	ی	ب	خ	ژ	ژ	ش	خ	س

چکش
بیل
انبردست
تیغ
چرخ
نردبان
مشعل
پیچ

تبر
کابل
چسب
چاقو
طناب
منگنه
قیچی
پتک

3 - Aggettivi #2

ط	ج	خ	گ	ر	ق	ع	ع	ژ	ئ	ژ	ا	آ	ض
ق	ج	ا	خ	م	و	ل	د	ا	ژ	ط	ن	ي	ژ
خ	آ	ل	ل	ز	ی	ب	ا	ث	د	ج	د	ی	د
ش	ل	ص	ا	ب	ذ	ا	غ	ق	چ	ی	م	ن	ز
ک	ظ	ئ	ق	غ	ه	م	ت	و	ص	ی	ف	ی	ج
ج	ض	ش	ت	ث	ث	س	ش	س	ا	ل	م	خ	گ
ظ	ل	و	چ	د	ذ	ئ	ت	و	و	ظ	ی	و	ش
ن	م	ا	ی	ش	ی	و	ج	م	ر	ب	پ	خ	ی
ذ	ش	ح	چ	ی	آ	ل	و	د	پ	ض	ن	ض	ر
ف	ه	ل	ی	ی	ي	ژ	گ	ف	خ	گ	و	ب	ی
ذ	و	ف	پ	ج	ب	ص	ر	پ	پ	گ	ی	ر	ن
ی	ر	ط	ب	ی	ع	ی	س	ژ	م	غ	ر	و	ر
م	ع	ت	ب	ر	ر	ل	ن	ض	ث	آ	ص	ض	آ
ش	ش	ج	ب	ذ	ث	ش	ه	خ	م	ظ	ي	ل	ت

گرسنه
خشک
معتبر
خلاق
توصیفی
شیرین
نمایشی
زیبا
مشهور
قوی

جالب هست
طبیعی
عادی
جدید
مغرور
مولد
خالص
مسئول
شور
سالم

4 - Pesca

ک	س	ح	و	ز	ن	ر	ز	ث	غ	ض	ب	ا	ص
ئ	د	ر	ي	ا	ش	ث	ط	ز	ط	ک	ي	غ	ث
م	ث	ن	آ	ذ	ط	آ	ع	ب	د	ف	چ	ر	ی
ج	ش	ن	ص	د	ب	ط	ع	ئ	ر	ب	س	ا	ب
ژ	چ	خ	ط	ذ	ث	خ	ع	م	ر	و	ص	ق	پ
ا	ق	ی	ا	ن	و	س	ن	م	چ	ل	ح	ر	ر
ر	و	د	خ	ا	ن	ه	ت	ج	ه	ی	ز	ا	ت
ث	ر	ا	ژ	ي	ر	آ	ب	ل	گ	آ	ژ	ب	ق
د	ر	ی	ا	چ	ه	ص	ب	ل	س	ئ	ب	ا	ا
ژ	م	آ	ئ	ع	س	ب	د	ق	ل	ا	ب	ل	ی
ن	ظ	ق	ف	س	ی	ر	ذ	ح	ا	م	ح	ه	ق
ف	ی	غ	ک	ص	م	ن	ز	ث	ب	ف	ص	ل	ي
ص	ث	ژ	گ	ن	و	ذ	ث	گ	پ	آ	چ	س	ع
ت	م	ط	ا	غ	غ	ع	د	ت	چ	ت	ب	ث	ح

آب
تجهیزات
قایق
سبد
اغراق
طعمه
سیم
رودخانه
قلاب

دریاچه
فک
اقیانوس
صبر
وزن
باله
ساحل
فصل

5 - Aggettivi #1

و	ج	ن	ع	ج	ب	ک	ا	م	ل	م	د	ر	ن
س	ا	ن	ي	و	ل	ز	ر	ر	گ	ت	ط	خ	ق
خ	ه	ژ	ع	ا	ن	ظ	ر	ل	چ	ر	خ	ک	ذ
ا	ط	ض	ح	ن	د	ن	ج	گ	ف	پ	ژ	ر	ع
و	ل	ش	ظ	ذ	ط	ب	چ	ک	ق	ذ	م	ه	م
ت	ب	س	ن	گ	ی	ن	ژ	ح	ع	د	ع	ظ	ی
م	غ	ئ	ح	ئ	ی	ن	ظ	ا	ژ	گ	ط	ت	ق
ن	ط	ر	آ	ز	ع	ج	ی	ب	و	غ	ر	ی	ب
د	ح	ل	ذ	ژ	ل	ص	ق	ژ	ه	و	ژ	ف	ن
ا	آ	ق	ق	ی	ی	ا	ج	ج	ن	پ	ق	ژ	ا
ن	ت	ف	پ	ک	ن	د	ع	پ	ر	د	ئ	ی	ز
ه	ل	ذ	ع	س	و	ق	ز	چ	ی	س	و	ل	ک
ک	ذ	خ	ب	ا	ا	ر	ز	ش	ث	ث	ذ	ش	ب
م	ش	ض	ع	ن	ل	د	ف	ج	ت	ض	ق	ص	ف

جاه طلب
معطر
هنری
مطلق
فعال
بزرگ
عجیب و غریب
سخاوتمندانه
جوان
یکسان

مهم
کند
بلند
مدرن
صادق
کامل
سنگین
با ارزش
عمیق
نازک

6 - Geologia

ن	و	ک	م	ی	ش	ش	آ	ک	ش	ا	ر	ف	ذ
ق	ح	و	و	ف	ق	م	ت	ت	ر	ث	س	ل	و
ح	ل	ا	ا	م	ر	ج	ا	ن	ش	پ	ن	ظ	ل
ل	ا	ر	د	پ	ش	س	غ	ج	ث	ف	گ	ل	آ
ص	ی	ت	م	گ	ض	ق	ا	ت	ظ	ا	ش	ق	ح
گ	ه	ز	ع	ا	س	ی	د	ی	چ	س	غ	ا	ر
د	ف	ش	د	ف	ل	ا	ت	ی	ش	ت	ک	ر	ن
ا	ل	س	ن	ک	ل	س	ی	م	ز	ا	ر	ه	م
ز	آ	ت	ی	ز	غ	و	د	ش	ظ	ل	ی	ج	ک
ه	ث	ی	ا	ل	ع	ط	ع	ز	ر	ا	س	م	ش
ع	ق	ص	چ	ز	ی	ي	ا	ب	ج	ک	ت	ن	ح
ا	س	ت	ا	ل	ا	گ	م	ی	ت	ت	ا	ط	ف
و	م	ک	ي	ه	ذ	ی	گ	ص	ي	ی	ل	ق	خ
ف	ی	ع	ت	ب	ط	ن	م	ح	خ	ت	ی	ه	گ

اسید
فلات
کلسیم
غار
قاره
مرجان
کریستال
فرسایش
فسیلی
گدازه

مواد معدنی
سنگ
کوارتز
نمک
استالاگمیت
استالاکتیت
لایه
زلزله
آتشفشان
منطقه

7 - Campeggio

م	ا	ه	ي	ح	س	غ	س	م	گ	د	ک	س	ح
ژ	س	ط	ن	ی	ش	د	ک	ا	ط	ژ	و	ر	ا
ب	خ	ق	ژ	و	ا	ر	ز	ج	ش	ب	ه	گ	غ
س	ل	ز	ج	ا	ث	ی	ه	ر	ک	ک	ظ	ر	س
ص	ق	ط	ب	ن	م	ا	ذ	ا	ا	ئ	ن	م	س
چ	و	ق	ا	ا	س	چ	ق	ج	ر	گ	ب	ک	پ
ی	ن	ث	ن	ت	د	ه	ا	و	ا	ح	ح	ن	خ
ق	ل	ج	و	ئ	ب	ظ	ی	ی	ک	م	ح	ن	ظ
ظ	آ	ز	ج	ص	ئ	ز	ق	ی	ئ	ذ	آ	د	و
ل	ط	ب	ی	ع	ت	ف	ر	ج	ش	ح	ف	ه	پ
د	ر	خ	ت	ا	ن	ص	ا	ع	ن	ق	ش	ه	ل
چ	ا	د	ر	آ	ل	غ	ن	م	د	گ	ی	ئ	گ
ک	ا	ب	ی	ن	ت	ف	ی	ث	ظ	ک	ل	ا	ه
ز	خ	س	ذ	ز	ب	ش	ط	ط	ن	ا	ب	آ	آ

درختان
بانوج
حیوانات
ماجراجویی
قطب نما
کابین
شکار
قایق رانی
کلاه
طناب

سرگرم کننده
جنگل
آتش
حشره
دریاچه
ماه
نقشه
کوه
طبیعت
چادر

8 - Arti Visive

ع	ي	ع	خ	خ	ر	ن	ط	ش	آ	ت	ل	ع	گ
ط	ژ	ک	ژ	ا	ص	ث	چ	ا	ن	ر	ر	ئ	ر
ط	غ	س	چ	ل	ک	ي	ض	ه	ق	ک	آ	و	ش
چ	ظ	د	ب	ن	ض	ر	غ	ک	ا	ی	ز	ب	ن
م	پ	ر	ت	ر	ه	ث	س	ا	ش	ب	د	چ	ش
د	خ	ذ	ش	ز	غ	ا	م	ر	ی	ب	ا	خ	ح
ا	م	ج	س	م	ه	س	ا	ز	ی	ن	ص	ل	ش
د	خ	خ	ر	ر	ت	گ	چ	ئ	ط	د	ز	ا	ا
و	ک	ی	ا	ک	پ	ئ	ن	ذ	م	ی	ل	ق	ب
ض	چ	ش	م	ا	ن	د	ا	ز	ع	ب	ص	ی	ل
ل	چ	ف	ی	ل	م	ي	ض	ي	م	و	م	ت	و
ک	د	س	ک	س	ت	ب	ص	ظ	ا	ف	ف	ظ	ن
خ	و	د	ک	ا	ر	و	ه	ن	ر	م	ن	د	ق
ص	ج	س	ه	پ	ا	ی	ه	آ	ی	ط	ص	پ	ح

معماری
خاک رس
هنرمند
شاهکار
سه پایه
موم
سرامیک
ترکیب بندی
خلاقیت
فیلم

عکس
گچ
مداد
خودکار
نقاشی
چشم انداز
پرتره
مجسمه سازی
شابلون

9 - Esplorazione

ت	د	س	ط	ج	ط	ا	چ	ئ	ظ	غ	ز	ب	ش
س	آ	ز	ح	د	ت	ث	پ	ق	ف	غ	ب	ج	ي
ف	ئ	م	ت	ز	پ	ئ	غ	ي	ک	م	ا	ش	خ
ف	ت	ی	س	د	آ	ف	ک	آ	ئ	ع	ن	ط	س
پ	ج	ن	گ	ف	ع	ژ	ز	م	ت	ط	ر	ت	ت
ک	ل	ا	آ	ع	ذ	ک	م	ح	ض	ن	ز	ط	گ
ن	ض	ش	ت	ا	ر	ط	خ	ب	ا	ض	ف	ح	ی
آ	ج	ن	ل	ل	ط	ن	م	ک	پ	گ	خ	ژ	ن
ب	ع	ا	خ	ی	ث	ئ	ک	ن	ی	ی	ع	ت	ه
س	ص	خ	پ	ت	ش	و	ت	ا	ن	ا	و	ی	ح
ک	ی	ت	گ	ف	ر	ث	ز	د	ی	د	ج	ا	ک
ش	ث	ه	د	ع	آ	پ	و	ژ	ب	ا	س	ز	ر
ف	ئ	م	آ	ا	ف	ذ	س	ع	ن	ا	م	د	ف
ن	ظ	ی	ش	ح	و	ش	آ	ي	ئ	و	ر	ف	س

حیوانات
فعالیت
شجاعت
تعیین
هیجان
خستگی
زبان
جدید

خطرات
خطرناک
ناشناخته
کشف
وحشی
فضا
زمین
سفر

10 - Tempo

ض	غ	ق	ش	ل	ا	ن	ذ	غ	س	ا	ل	ک	ر
ض	ن	ر	ب	ط	ح	ک	ر	ف	ا	م	غ	پ	و
ر	ع	ن	ز	ل	س	ظ	ن	ص	ل	ر	ح	ت	ز
د	ه	ه	ض	ع	ا	ع	ه	و	ا	و	ث	ق	ق
ق	ي	د	ي	ى	ع	ز	ج	م	ن	ز	و	و	ى
ى	ک	ذ	و	ئ	ت	ع	گ	م	ه	ف	ل	ى	ض
ق	خ	ز	گ	ذ	ح	ر	ک	ث	ف	گ	ل	م	ز
ه	و	ف	ض	ل	گ	م	ش	ا	ک	ا	ت	م	ض
ئ	خ	ز	ث	ه	م	ت	ح	آ	آ	ک	س	ب	ت
گ	ج	ش	ژ	ف	ذ	ک	پ	ى	ع	خ	ل	و	ف
ص	ب	ح	ژ	ت	ث	ث	د	ن	ع	ج	ج	س	م
ا	ض	ژ	ذ	ه	خ	ث	ح	د	ى	ر	و	ز	ا
ى	گ	ح	ر	ذ	ر	ي	ف	ه	ظ	ه	ر	و	ه
ف	ى	ز	ئ	ژ	ک	ت	ب	ه	ز	و	د	ى	ح

سال
سالانه
تقویم
دهه
آینده
روز
دیروز
صبح
ماه
ظهر

دقیقه
لحظه
شب
امروز
ساعت
اکنون
به زودی
قبل از
قرن
هفته

11 - Astronomia

ث	ف	ر	ح	ی	ی	ا	ط	ت	س	ق	ص	ث	خ
ن	ض	ص	ض	پ	ض	ژ	د	ا	ی	ب	ع	ف	ح
ز	ا	د	ف	ج	ژ	ک	و	ب	ا	گ	م	ح	ت
م	ن	خ	ث	و	ت	ز	ج	ش	ر	و	س	ت	ل
ی	و	ا	س	ص	س	ت	ا	ر	ه	ش	ن	ا	س
ن	ر	ن	ی	و	ا	ک	ه	ک	ش	ا	ن	ع	ک
ح	د	ه	ا	ر	ش	ب	ج	ا	ذ	ب	ه	ت	و
س	ژ	س	ر	ت	ش	ط	ر	خ	ش	ت	ل	د	پ
ژ	ح	آ	ک	ف	ئ	ه	ف	ن	ف	م	ع	ا	آ
آ	ي	ا	پ	ل	س	ئ	ا	م	و	ش	ک	ل	س
ج	ي	غ	ب	ک	ح	ز	خ	ب	ص	ا	ص	غ	م
ه	ح	ک	ذ	ی	ک	ی	ه	ا	ن	ز	خ	ط	ا
ا	ذ	چ	ل	ذ	ع	گ	ع	ط	ا	ج	و	ت	ن
ن	س	ط	ث	س	م	ا	ه	ل	ظ	ذ	س	ث	ر

شهاب
سحابی
رصدخانه
سیاره
تابش
موشک
ابرنواختر
تلسکوپ
زمین
جهان

سیارک
فضانورد
ستاره شناس
آسمان
کیهان
صورت فلکی
اعتدال
کهکشان
جاذبه
ماه

12 - Circo

چ	ا	د	ر	و	و	ح	م	و	س	ی	ق	ی	ض
ک	ب	ل	ی	ط	چ	ل	ی	ذ	ز	ض	ز	چ	ش
ي	ت	ق	ئ	د	ب	گ	ب	و	آ	ل	ث	ر	ع
ج	م	ک	آ	ب	ن	ب	ا	ت	ا	ق	آ	ط	ب
آ	ا	غ	ر	ی	ف	ی	ل	ر	ث	ن	ش	ي	د
ک	ش	د	ي	ت	ن	ص	ن	ف	ض	ط	ا	س	ه
ر	ا	ب	و	ب	م	گ	خ	ن	ي	ر	ر	ت	ب
و	گ	ج	ا	د	و	گ	ر	د	ل	ذ	ی	چ	ا
ب	ر	ا	ر	ژ	ژ	و	غ	ل	د	ص	ض	ع	ز
ا	ب	ا	ژ	ب	ش	ی	ر	ب	خ	غ	خ	پ	ز
ت	ل	ی	ت	ض	م	ئ	ذ	ا	ذ	ب	ب	ر	ز
ر	ر	د	آ	ث	ا	غ	ش	س	ع	م	خ	ژ	ئ
د	ر	ز	ق	ف	ی	ر	م	ن	ظ	خ	ئ	ه	ت
ع	ح	چ	غ	خ	م	ی	م	و	ن	ا	ژ	ئ	ژ

آکروبات
حیوانات
بلیط
آب نبات
دلقک
لباس
فیل
شعبده باز
شیر
جادو

جادوگر
موسیقی
بالن
رژه
میمون
دیدنی
تماشاگر
چادر
ببر
ترفند

13 - Mitologia

ر	ض	ف	چ	ل	ا	ی	ج	ا	د	ن	ع	ا	ج
خ	ع	ف	ا	ن	ی	ک	ه	ن	ا	ل	گ	و	ا
ع	ی	د	م	ج	ث	ر	ی	ت	گ	ي	ز	ز	و
ص	ش	ظ	و	چ	ع	م	و	ق	ژ	ج	ب	ه	د
ز	غ	پ	ج	ب	ف	ه	ل	ا	ک	س	و	ز	ا
م	چ	ع	و	گ	ر	ق	ا	م	ع	خ	ا	ا	ن
ح	س	ا	د	ت	ه	ق	ت	ن	د	ر	ب	ر	گ
ي	م	گ	آ	آ	ن	ا	ر	ف	ت	ا	ر	ت	ی
ص	ب	ش	ظ	ع	گ	ف	ن	ر	ک	ژ	م	و	ج
ق	ه	ر	م	ا	ن	س	خ	پ	ئ	ص	د	س	ا
ر	ض	ا	خ	ض	ح	ا	س	ت	ح	ک	ا	م	د
ث	ض	غ	س	ن	د	ن	ف	د	ص	ب	ک	ب	و
خ	د	ا	ی	ا	ن	ه	غ	ف	چ	آ	م	ژ	ی
ي	ع	ث	ض	ش	م	ت	گ	ج	ی	ش	ر	پ	ی

کهن الگو
رفتار
موجود
ایجاد
فرهنگ
فاجعه
خدایان
قهرمان
استحکام
رعد و برق

حسادت
جنگجو
جاودانگی
هزارتو
افسانه
جادویی
فانی
هیولا
تندر
انتقام

14 - Piante

ط	ش	گ	گ	م	و	س	ک	چ	ث	ن	ح	پ	ب
ض	ا	ج	ی	ل	ث	پ	ز	ش	ک	ج	و	ی	ر
ظ	خ	ز	ه	ا	ب	ا	م	ب	و	ع	د	چ	ت
ت	و	ت	ا	ب	ه	ر	ی	ش	ه	ف	غ	ک	چ
ب	ب	ک	و	د	ن	ش	گ	ک	ا	ک	ت	و	س
آ	ر	ج	غ	س	ط	ز	ن	ص	ز	غ	خ	گ	ل
ب	گ	ظ	ن	و	ئ	ی	د	ا	ض	ن	ر	چ	و
ف	ل	و	ر	گ	ذ	ض	ئ	ف	س	ب	ش	م	ب
ن	آ	ح	ص	ن	ل	د	ر	خ	ت	ی	د	ن	ی
خ	ئ	ق	ص	گ	ک	ل	ا	ج	ز	ف	ک	ذ	ا
ا	چ	ا	س	م	ض	گ	ژ	ع	ک	پ	پ	ج	د
ب	و	ش	خ	ع	ا	ع	آ	ف	م	ض	ظ	ئ	ا
ا	ز	ن	د	گ	ی	گ	ی	ا	ه	ی	ز	ص	ط
غ	ع	ظ	گ	ن	ق	ت	ظ	ی	د	ي	ب	ژ	ا

درخت
توت
بامبو
گیاه شناسی
کاکتوس
بوش
رشد
پیچک
چمن
لوبیا

کود
گل
فلور
شاخ و برگ
جنگل
باغ
خزه
گلبرگ
ریشه
زندگی گیاهی

15 - Spezie

و	ظ	ط	د	گ	ط	ئ	ف	چ	م	ي	و	ط	س
م	ا	ا	ئ	ا	ش	س	ج	و	ز	ه	ن	د	ی
ب	ژ	ن	ش	غ	ر	ن	گ	ص	ی	ل	پ	پ	ر
م	د	ع	ی	خ	ا	چ	ی	ئ	ر	م	ی	ن	خ
س	ص	ک	ر	ل	ز	ل	ی	ز	ه	ب	ا	ن	ی
ظ	پ	ا	ی	ش	ی	ر	ی	ن	ی	د	ز	گ	ک
ذ	ق	ر	ن	ن	ا	ظ	ج	ج	ی	ت	ع	ض	ب
خ	غ	ی	ب	س	ن	ث	پ	ب	ف	ل	ف	ل	و
ت	ر	آ	ی	ا	ه	ن	ث	ی	ظ	خ	ر	ج	غ
ج	ک	ذ	ا	ط	ع	م	ط	ل	ح	ط	ا	ز	پ
ح	ل	ف	ن	ک	ش	ک	ط	ت	م	ا	ن	ط	ص
ز	ر	د	چ	و	ب	ه	ح	ث	ح	ع	ی	پ	آ
ث	ق	ز	ا	ق	ز	و	ی	ض	ا	ت	چ	س	ا
ف	ل	ف	ل	ق	ر	م	ز	ي	ق	ح	م	ث	ع

سیر
تلخ
دارچین
هل
پیاز
گشنیز
زیره
زردچوبه
کاری
شیرین

رازیانه
طعم
شیرین بیان
جوز هندی
فلفل قرمز
فلفل
نمک
وانیل
زعفران
زنجبیل

16 - Numeri

ق	غ	غ	غ	ن	خ	چ	ا	ش	ت	ه	ص	ذ	ل
د	و	ا	ز	د	ه	ئ	ع	ا	ض	ش	ف	چ	ش
ج	ق	س	ظ	چ	ط	ت	ش	ن	ص	ت	ر	د	د
ن	و	ز	د	ه	د	س	ا	ز	ق	ن	ث	س	ه
ع	ک	ب	س	ا	گ	ه	ر	د	ص	ن	آ	ز	ن
ن	چ	ه	ا	ر	د	ه	ی	ه	ص	آ	ل	ف	ه
ی	س	ی	ز	د	ه	پ	ا	ن	ز	د	ه	ض	س
ي	د	و	ئ	ک	ب	ن	ي	ش	ش	ب	ا	ذ	ق
پ	ه	ع	ک	ب	ل	ج	پ	ن	ش	س	ض	ي	ک
ح	ف	غ	د	ش	ی	چ	ی	ک	ي	ل	ذ	ت	ن
و	ت	ث	ب	د	ظ	س	ض	ل	ش	ف	پ	ذ	ي
ع	خ	گ	ت	ی	ق	ه	ت	ط	ت	ت	ذ	و	د
ه	ج	د	ه	د	ش	ش	ظ	ص	ز	ث	ث	ن	ث
ب	م	ش	ض	ب	ز	ط	ر	ک	ز	چ	ب	و	ک

پنج
اعشاری
نوزده
هفده
هجده
ده
دوازده
دو
نه
هشت

چهارده
چهار
پانزده
شانزده
شش
هفت
سه
سیزده
بیست
صفر

17 - Cioccolato

ن	ز	آ	ذ	ث	ش	ی	خ	ق	ط	ئ	ص	ع	ت
ج	ا	ت	ل	خ	ا	ی	ئ	چ	ع	ت	ن	ج	ب
غ	ز	ر	ج	ئ	ک	ا	ر	ا	م	ل	ع	ی	د
ر	غ	ء	گ	ئ	ن	آ	د	ی	ق	د	ت	ب	ف
ر	د	ا	ن	ی	ب	ب	ش	ل	ن	ئ	گ	و	ئ
ئ	پ	و	د	ر	ل	ن	ف	چ	ا	ذ	ر	غ	ک
ک	ی	ف	ی	ت	د	ب	ذ	س	ر	ئ	ی	ر	ش
چ	ث	ذ	ب	ا	د	ا	م	ز	م	ی	ن	ی	ع
ک	ا	ک	ا	ئ	و	ت	ي	ظ	ع	ر	ل	ب	ط
خ	و	ش	م	ز	ه	پ	ن	ک	غ	ی	گ	ف	ر
آ	ن	ت	ی	ا	ک	س	ی	د	ا	ن	ظ	چ	و
ن	ظ	ن	ج	خ	م	و	ر	د	ع	ل	ا	ق	ه
ک	ا	ل	ر	ی	ش	ي	ر	خ	س	ق	ش	ن	ا
ا	و	ص	ب	د	ص	س	خ	غ	ط	ط	ش	د	و

شیرین
عجیب و غریب
طعم
جزء
نارگیل
پودر
مورد علاقه
کیفیت
قند

تلخ
آنتی اکسیدان
بادام زمینی
عطر
صنعتگری
کاکائو
کالری
آب نبات
کارامل
خوشمزه

18 - Guida

ت	ر	م	ز	ط	ر	ق	ک	ا	گ	م	ذ	ج	ف
و	ص	ب	ح	خ	خ	خ	چ	ی	ا	ا	ق	ص	ب
ن	گ	ا	ز	ی	س	ط	ش	م	ر	ش	ظ	ش	م
ل	ف	ن	د	ي	و	ا	ر	ن	ا	ی	س	ل	و
ع	ص	ل	ق	ف	خ	ت	ص	ی	ژ	ن	ز	ش	ت
ج	ا	غ	ح	ش	ت	و	ت	ر	ا	ف	ی	ک	و
غ	غ	ث	ی	م	ه	ب	ج	ا	د	ه	ض	ح	ر
ت	آ	ث	م	و	ت	و	ر	س	ی	ک	ل	ت	س
ف	ط	و	خ	ح	ر	س	ث	ا	ش	پ	ل	ی	س
ع	ا	ب	ر	پ	ی	ا	د	ه	آ	ر	ص	پ	د
ح	غ	م	ز	ئ	ی	م	ج	ی	ل	س	چ	ئ	ب
ف	ص	ث	ض	ض	م	ج	ر	ح	ف	ر	ذ	ز	آ
ط	پ	ج	ح	م	ل	و	ن	ق	ل	ع	ف	ژ	ا
ک	ی	ط	خ	د	ن	ز	غ	ذ	ض	ت	ض	آ	ئ

ماشین
اتوبوس
سوخت
ترمز
گاراژ
گاز
تصادف
مجوز
نقشه
موتورسیکلت

موتور
عابر پیاده
خطر
پلیس
ایمنی
جاده
ترافیک
حمل و نقل
تونل
سرعت

19 - Sport

ی	م	ژ	ض	ا	ق	ج	ک	ض	ش	ح	د	ظ	ذ
ز	ر	ع	ل	ت	د	ب	ظ	و	ت	ن	و	د	ش
ژ	ب	غ	ل	س	ت	ر	ا	ر	ث	ح	چ	ا	ل
آ	ی	آ	ض	ث	ی	ن	چ	ز	ف	گ	ر	و	ا
ه	ا	ک	ی	گ	م	د	ج	ش	ی	ل	خ	ر	ص
ب	ث	ح	ب	غ	ج	ه	ن	ک	ت	ک	ه	ی	ط
ب	ا	ز	ی	س	ص	ر	ب	ا	ز	ن	ن	ژ	ظ
ع	ق	ث	س	و	ک	ب	ش	ر	ک	ر	ی	ط	آ
ب	ض	ا	ب	ر	ل	ت	چ	ي	ظ	ح	ز	س	آ
ع	ئ	گ	ا	ز	د	خ	ب	ن	ض	ر	ژ	ث	ش
و	ص	و	ل	ش	گ	ل	ف	ا	ح	ژ	ح	غ	ژ
ز	ی	خ	غ	گ	ص	چ	ج	چ	ل	ذ	ذ	خ	گ
ژ	ی	م	ن	ا	س	ت	ی	ک	ث	چ	ذ	ب	ا
ز	ج	ط	ق	ه	ر	م	ا	ن	ی	خ	ذ	ظ	ق

مربی
داور
ورزشکار
بیسبال
بسکتبال
دوچرخه
قهرمانی
ژیمناستیک
بازیکن

بازی
گلف
هاکی
جنبش
تیم
ورزشگاه
تنیس
برنده

20 - Giocattoli

م	ت	آ	ر	ا	ک	ه	ا	ف	گ	ح	خ	ق	ن
ص	و	ز	چ	د	ذ	ق	و	م	ا	آ	ا	ئ	ح
ش	ط	ر	ن	ج	ئ	آ	چ	ا	ظ	ث	ک	ع	ر
ب	ئ	ا	د	و	چ	ر	خ	ه	پ	ف	ر	ز	ب
ا	ژ	گ	م	ع	ف	م	ف	م	ي	ی	س	ت	ا
د	ق	ط	ا	ر	ل	چ	ن	ت	ظ	ج	م	ص	ت
ب	ژ	ن	ش	و	ذ	ا	گ	و	م	گ	ا	ا	ب
ا	ت	ل	ی	س	ذ	ص	ق	پ	د	ر	ا	م	ئ
د	ج	خ	ن	ک	ت	ر	ل	ه	ي	د	آ	ق	ط
ک	ق	ک	ی	ئ	ک	ت	ا	ب	ه	ا	ک	ذ	م
پ	ژ	ظ	و	ل	ص	ن	ا	ی	ع	د	س	ت	ی
ي	م	س	ي	غ	س	آ	ذ	ح	ي	ع	ض	ج	ج
س	ق	ا	ی	ق	ص	ع	ش	ا	ژ	ض	ل	ک	ج
ق	ا	ظ	ک	ا	م	ی	و	ن	ل	و	ا	ظ	و

هواپیما
بادبادک
خاک رس
صنایع دستی
ماشین
عروسک
قایق
درام
دوچرخه

کامیون
تخیل
کتابها
توپ
مورد علاقه
ربات
شطرنج
قطار

21 - Uccelli

ط	ش	ژ	ل	گ	ت	ا	ل	ط	ف	ل	ج	ل	پ
ئ	ذ	ا	ي	و	ذ	ح	ا	ا	ا	ذ	ا	ب	م
ئ	پ	ج	س	ش	ر	ف	ظ	ي	ر	و	ص	ب	ر
م	ر	غ	ش	ت	ر	م	ر	غ	د	چ	و	ق	ک
م	ج	ئ	ا	ئ	ج	پ	ل	ی	ک	ا	ن	س	ف
ل	غ	ش	خ	ز	و	س	گ	ع	ب	ل	ئ	ظ	ی
ذ	د	ژ	ت	و	ک	ا	ن	ق	و	ح	ض	ج	ا
ن	ض	ق	خ	ز	پ	ل	ج	ا	ت	و	ق	ژ	پ
ش	ش	ل	ک	ل	ک	خ	ش	ب	ر	ا	پ	ت	ک
ش	ا	ه	ی	ن	و	ئ	ک	ط	م	ص	ن	خ	ظ
ف	ل	ا	م	ی	ن	گ	و	و	ق	ی	گ	م	ق
ی	ن	غ	ا	ث	ب	ز	ک	ط	خ	ل	و	م	ن
ف	ا	خ	ت	ه	ب	ج	ط	ی	ظ	ت	ئ	ر	ر
ط	ت	س	ر	ژ	ذ	خ	د	ي	آ	د	ن	غ	ذ

حواصیل
اردک
عقاب
لک لک
قو
فاخته
شاهین
فلامینگو
جغد
غاز

طوطی
گنجشک
طاووس
پلیکان
کبوتر
پنگوئن
مرغ
شترمرغ
توکان
تخم مرغ

22 - Giorni e Mesi

ی	ک	ش	ن	ب	ه	م	غ	ج	ا	ک	ت	ب	ر
ث	ض	ص	ز	ض	ب	ف	ژ	م	ص	و	ن	ی	ظ
ع	پ	ش	ف	ک	م	پ	ت	ع	د	ض	ت	ج	ب
ی	ف	ا	ی	ر	ض	ئ	ژ	ه	ل	ذ	ص	د	ئ
آ	خ	ر	د	ا	د	ف	ت	ژ	ا	ن	و	ی	ه
چ	ث	د	م	ا	ه	ج	ق	ي	خ	ذ	س	ا	ل
د	و	ش	ن	ب	ه	ف	و	خ	س	س	ه	د	غ
چ	ک	ش	ق	غ	ی	و	ی	ل	ص	ژ	ش	س	ب
آ	ص	ق	آ	ی	ل	ر	م	ن	ا	ز	ن	ا	س
ف	ی	ذ	ظ	ط	ن	ی	ک	و	گ	ی	ب	م	پ
ث	ئ	ژ	ظ	د	ذ	ه	آ	ا	ش	ش	ه	ب	ق
ج	ن	آ	و	ر	ی	ل	ب	م	و	ن	ز	ر	ف
ز	ر	چ	ه	ا	ر	ش	ن	ب	ه	ب	ف	ج	ق
س	پ	ت	ا	م	ب	ر	ن	ر	گ	ه	ئ	ت	س

اوت
سال
آوریل
تقویم
دسامبر
یکشنبه
فوریه
ژانویه
خرداد
جولای

دوشنبه
سه شنبه
چهارشنبه
ماه
نوامبر
اکتبر
شنبه
سپتامبر
هفته
جمعه

23 - Casa

ش	ل	ق	ژ	ج	ح	م	ا	م	س	ث	گ	ش	ن
ک	ل	ی	د	ه	ا	ب	ظ	و	ط	س	ژ	ت	ر
د	م	ل	ب	ا	غ	ب	ظ	ف	ي	ب	پ	ذ	د
ج	ا	ح	ی	ج	چ	ص	ش	چ	ل	ا	م	پ	ه
ث	د	و	ش	ن	ا	آ	ف	ئ	ب	ا	د	ن	ظ
گ	ا	ر	ا	ژ	ض	ر	ن	ط	ئ	د	ش	ج	ف
پ	ک	ت	ب	ئ	د	ی	و	ا	ر	ذ	ق	ر	ش
ی	ي	ذ	ا	ک	ت	ا	ب	خ	ا	ن	ه	ه	ي
آ	ف	خ	س	ق	ف	چ	غ	ق	ش	ص	ث	ئ	س
ی	ر	ذ	د	د	س	آ	ش	پ	ز	خ	ا	ن	ه
ن	ش	ج	ص	ر	ک	ی	م	ز	ح	ا	م	ق	ط
ه	ئ	آ	ک	غ	ژ	د	ص	ی	ح	ن	س	چ	ظ
ت	ئ	س	ف	پ	ئ	ح	ف	ل	ي	ه	ش	ض	ض
ش	و	م	ی	ن	ه	پ	پ	ل	د	ف	آ	ت	ک

حمام
کتابخانه
اتاق
شومینه
خانه
کلیدها
آشپزخانه
دوش
پنجره
گاراژ

باغ
لامپ
دیوار
کف
درب
نرده
جارو
آینه
فرش
سقف

24 - Ristorante #1

ل	ي	ث	غ	ف	ن	ل	ث	خ	م	ن	خ	ژ	ص
ب	ي	م	ع	ذ	ن	ل	ث	پ	ط	ئ	ئ	پ	ن
آ	ل	ر	ژ	ى	ا	و	ف	پ	خ	آ	ن	ى	د
ب	ف	غ	ظ	ذ	ن	ژ	چ	ح	ص	ز	خ	ش	و
ي	ف	ن	ظ	ک	ب	ل	پ	غ	ث	م	د	خ	ق
ر	ث	ى	ل	آ	ش	پ	ز	خ	ا	ن	ه	د	د
ز	ت	ئ	ط	ص	غ	ي	ط	س	غ	و	ض	م	ا
ر	ب	د	س	ت	م	ا	ل	س	ف	ر	ه	ت	ر
و	ذ	ص	س	ش	ح	چ	ف	خ	و	غ	د	ن	گ
ع	پ	ب	ا	خ	ل	ا	ب	ژ	ث	ى	آ	د	و
ئ	ب	ئ	آ	ز	ا	ق	ش	ى	ر	ئ	و	ژ	ش
ک	ا	س	ه	ج	ق	و	ق	ه	و	ه	ق	گ	ت
ز	ا	ب	ب	غ	ن	ئ	ا	ق	آ	ع	ژ	ر	خ
آ	ق	ع	د	س	ر	ط	ب	ک	ظ	ي	ف	ح	ذ

آلرژی
قهوه
پیشخدمت
گوشت
صندوقدار
غذا
کاسه
چاقو
آشپزخانه

دسر
منو
نان
بشقاب
تند
مرغ
رزرو
سس
دستمال سفره

25 - Fantascienza

ا	ب	س	ل	آ	ح	ج	ک	خ	ر	ط	ر	ف	م
و	ض	گ	ر	ت	ت	ه	ل	ی	ن	ا	م	ر	ت
ر	ک	آ	آ	ش	ک	ا	ح	ا	ی	ر	م	د	د
ا	ت	ط	غ	ش	ر	ن	ئ	ل	ع	و	ط	ی	س
ک	ا	س	ا	ت	ف	آ	غ	ی	ز	آ	س	ل	ی
ل	ب	ن	ن	و	ه	ر	ا	ی	س	ت	ن	ظ	ن
و	ه	ث	ف	ه	د	ي	ت	ق	و	ض	ا	ص	م
ن	ا	ش	ج	م	ق	ر	م	پ	ح	س	ر	ژ	ا
ژ	ض	ک	ا	ن	ی	آ	ی	ظ	و	ح	ی	د	ی
ف	ژ	و	ر	ض	ا	ا	د	ژ	ج	ف	و	ف	ظ
ظ	ی	ر	گ	ن	ه	د	ن	ی	آ	ح	آ	د	ث
چ	ه	ل	ض	ا	ف	ه	ن	ی	د	م	ب	ن	ص
ت	ح	ن	ث	ب	ی	ژ	و	ل	و	ن	ک	ت	ي
ن	س	د	گ	غ	ي	ج	ع	ج	ج	ل	ذ	ج	ک

اتمی
سینما
دیستوپیا
انفجار
مفرط
آتش
آینده نگر
کهکشان
توهم
خیالی
کتابها
مرموز
جهان
اوراکل
سیاره
رمان
سناریو
تکنولوژی
مدینه فاضله

26 - Città

و	ض	ف	ک	ی	ذ	چ	ص	ن	ز	ن	ب	ع	ه
ز	ي	ظ	ر	ت	س	ث	ش	ق	ق	ا		ک	ت
خ	ذ	س	د	و	ا	ص	ن	ی	ا	ن	ن	ک	ل
ب	ا	ز	ا	ر	د	ب	ث	ت	ا	و	ک	ت	ق
ف	ع	ش	ب	پ	ش	گ	ف	ن	ي	ا	د	ا	س
د	ا	ن	ش	گ	ا	ه	ا	ر	ض	ی	ش	ب	و
ظ	م	و	ز	ه	ح	ض	گ	ه	و	ی	ب	خ	پ
و	د	گ	ظ	خ	ل	ل	ل	ف	د	ش	س	ا	ر
گ	ر	ک	ت	ذ	ی	ق	ف	ئ	ز	ض	ی	ن	م
ا	س	ز	د	ل	د	ا	ر	و	خ	ا	ن	ه	ا
ل	ه	د	ش	و	ز	چ	و	ک	ئ	ط	م	ف	ر
ر	ت	ز	ط	گ	ئ	ا	ش	غ	ذ	غ	ا	ح	ک
ی	ظ	پ	ن	م	ا	ی	ش	ن	ع	ي	د	ش	ت
ب	ا	غ	و	ح	ش	ه	ف	ر	و	ش	گ	ا	ه

فرودگاه
بانک
کتابخانه
سینما
داروخانه
گلفروش
گالری
هتل
کتابفروشی
بازار

موزه
فروشگاه
نانوایی
مدرسه
ورزشگاه
سوپرمارکت
نمایش
دانشگاه
باغ وحش

27 - Virtù #1

ي	ح	ض	ل	ث	چ	ت	ا	ش	ض	ص	ک	م	ب
ک	ا	ر	آ	م	د	م	س	ت	ق	ل	ن	ف	ظ
م	غ	ح	ه	ج	ظ	ی	ع	م	ل	ی	ج	ی	ج
ق	خ	ت	ن	ئ	ا	ز	چ	ا	ظ	ذ	ک	د	ذ
ا	ا	ذ	ر	ف	ر	و	ت	ن	ا	ک	ا	ظ	ا
ط	و	ب	ی	ق	ع	خ	ي	ق	چ	ت	و	چ	ب
ع	گ	ا	ل	ق	ي	چ	پ	ژ	ا	ز	ژ	ذ	ف
ل	ظ	ه	ي	ا	م	ی	م	ع	آ	ع	ق	گ	ض
ئ	پ	و	ظ	پ	ع	ژ	د	ل	ن	ل	ئ	ب	خ
چ	ر	ش	ص	خ	چ	ت	ک	ج	ی	ط	ی	آ	و
د	ش	س	خ	ا	و	ت	م	ن	د	ا	ن	ه	ب
ک	و	خ	ح	ز	ض	و	آ	ا	ص	ک	ل	ق	ث
ج	ر	خ	ن	د	ه	د	ا	ر	د	ا	ل	ف	ث
ج	د	ذ	غ	ت	ج	چ	ب	ی	م	ا	ر	غ	ز

جذاب
قابل اعتماد
پرشور
هنری
خوب
کنجکاو
قاطع
خنده دار
کارآمد
سخاوتمندانه
مستقل
باهوش
فروتن
بیمار
عملی
تمیز
مفید

28 - Compleanno

م	ژ	ن	ر	د	ع	و	ت	ق	و	ی	م	د	س
آ	س	ش	ز	م	ا	ن	ن	ا	ک	ش	ح	ا	ع
ک	ا	ر	ت	م	ل	گ	و	ن	چ	ث	ط	پ	پ
ی	ل	و	ا	ا	ی	ع	ئ	غ	س	ل	ن	م	ا
ک	ن	ز	ظ	س	ر	گ	ر	م	ک	ن	ن	د	ه
و	ی	ژ	ه	ت	ح	ک	م	ت	ض	ک	ض	د	م
و	ژ	ش	د	پ	ر	خ	چ	ج	د	ا	ي	و	ت
آ	ث	غ	ی	گ	ذ	ا	ز	ص	ج	ش	ن	س	و
ب	خ	ع	ه	ن	س	ط	ن	گ	ض	و	ا	ت	ل
خ	و	ش	ح	ا	ل	ر	ي	ه	ث	ژ	ا	ا	د
ر	آ	ظ	ا	پ	ص	ا	ل	ط	آ	ث	ر	ن	ب
س	ش	ذ	ف	د	ل	ت	ت	و	ح	ظ	ش	آ	خ
ح	ل	ح	چ	ز	پ	ا	غ	گ	ژ	آ	ا	ر	ت
ق	ش	د	و	ي	غ	ف	ف	س	ق	ج	س	م	خ

دوستان
سال
تقویم
ترانه
کارت
جشن
سرگرم کننده
خوشحال
شاد
روز

جوان
عالی
دعوت
متولد
هدیه
خاطرات
حکمت
ویژه
زمان
کیک

29 - Fattoria #1

پ	آ	ط	ل	ن	ر	د	ه	ئ	ک	ع	خ	ک	ض
ص	ق	ز	ص	ن	ت	ا	گ	ض	و	ص	ع	ش	آ
ی	و	ن	ج	ه	ع	ن	چ	ا	د	ل	غ	ا	ک
ب	ظ	ب	ط	ر	م	ه	آ	ب	س	ح	ک	و	م
ح	ض	و	ظ	م	ف	ص	م	ر	غ	ب	غ	ر	ذ
چ	ف	ر	ح	ک	ل	ح	ذ	ن	د	ز	ض	ز	ز
ص	ض	ع	س	ل	ف	ئ	ل	ج	س	خ	ز	ی	ن
ن	ل	س	گ	و	س	ا	ل	ه	خ	ق	خ	ع	ک
پ	ج	ل	ق	ر	ا	ظ	ف	ب	س	ع	ی	و	ئ
س	س	ا	خ	ی	س	غ	آ	ص	س	گ	م	ژ	ک
آ	ق	غ	ز	ل	ز	م	ی	ن	ه	ر	پ	و	ک
گ	ا	و	غ	آ	ف	ئ	گ	ل	ه	ب	ت	م	ع
ط	خ	ر	س	ي	آ	پ	خ	ر	ث	ه	س	د	و
ی	ح	ت	ط	ذ	ئ	ف	آ	آ	چ	ز	گ	چ	م

آب
کشاورزی
زنبور عسل
خر
زمینه
سگ
بز
اسب
کود
یونجه

گربه
گله
خوک
عسل
گاو
مرغ
نرده
برنج
دانه
گوساله

30 - Paesaggi

ک	ق	ص	ب	ع	د	ک	ر	ت	و	ی	ح	س	ک
و	غ	ج	ی	س	م	ق	و	پ	ن	ط	ز	ا	و
ه	ا	ب	خ	ف	ذ	ذ	د	ه	د	د	د	ح	ه
ج	ر	ح	ت	ش	ز	آ	خ	ی	ر	ر	ر	ل	ی
ز	ض	ض	ه	خ	ر	ق	ا	خ	ی	ی	ه	ا	خ
ی	ش	غ	ي	ز	ل	ن	ن	چ	ا	ا	ن	ق	ظ
ر	ب	ن	ل	چ	غ	ی	ه	ا	چ	خ	ح	ی	ژ
ه	ه	ک	و	ی	ر	ف	ج	ل	ه	ی	ق	ا	ک
ب	ج	ئ	ي	ط	ک	ض	ظ	ن	ح	ن	ح	ن	ث
س	ز	ش	س	آ	م	ذ	پ	ذ	ج	ع	ي	و	ذ
ب	ی	ص	ش	ب	ا	ت	ل	ا	ق	ت	گ	س	چ
ط	ر	ت	ق	ش	ا	غ	س	ث	ص	آ	س	ی	خ
ث	ه	ز	غ	ا	ب	ی	و	ژ	ر	و	پ	ط	ق
ض	ی	غ	م	ر	آ	ت	ش	ف	ش	ا	ن	ق	س

آبشار
تپه
کویر
رودخانه
یخچال
خلیج
غار
کوه یخ
جزیره
دریاچه

دریا
کوه
واحه
اقیانوس
باتلاق
شبه جزیره
ساحل
تندرا
دره
آتشفشان

31 - Ristorante #2

ع	ظ	ت	ز	ر	پ	خ	ک	چ	ن	ز	ذ	ف	س
ز	ی	ب	خ	و	ش	م	ز	ه	م	ص	ص	ح	ب
ي	گ	ق	ک	م	ی	و	ه	گ	ن	ش	ن	ش	ز
چ	ش	ا	ف	پ	م	ک	ز	خ	ش	ق	د	ا	ی
ي	ب	ش	غ	آ	س	ر	چ	ن	گ	ا	ل	م	ج
ل	ک	ق	گ	ب	ج	ن	غ	ا	س	ص	ی	ت	ا
ی	م	ی	گ	ج	ض	م	گ	ه	ا	ن	ک	د	ت
ع	خ	خ	ک	ا	ح	ک	گ	ا	ل	ح	آ	غ	ژ
ب	م	ا	ه	ی	ر	ذ	ذ	ر	ا	س	ي	آ	ح
ظ	ع	و	غ	ذ	ژ	س	ئ	ا	د	و	ی	ه	گ
ق	س	ژ	ف	ک	ع	ث	و	ع	ن	پ	ط	ا	ط
ق	ث	ظ	ن	و	ش	ی	د	ن	ی	ت	ت	ط	ف
ص	ش	ذ	ي	ق	ق	س	ص	و	ن	ح	ج	ن	غ
ط	پ	د	ر	ح	غ	ب	ي	د	ر	ژ	چ	ي	س

آب
نوشیدنی
گارسون
شام
قاشق
خوشمزه
چنگال
میوه
یخ
سالاد

سوپ
ماهی
ناهار
نمک
صندلی
ادویه
کیک
تخم مرغ
سبزیجات

32 - Giardino

ت	ا	ک	ب	گ	ع	غ	ن	ع	ض	ر	ق	ت	ن
د	ر	خ	ئ	پ	ظ	ذ	ز	ب	پ	ا	ن	ر	ئ
و	ئ	ا	ی	ی	غ	ن	ر	ر	آ	د	ق	ا	ث
ر	آ	ک	م	غ	ث	ق	ی	ک	چ	غ	پ	س	ش
گ	گ	ل	ي	پ	چ	م	ن	ه	ج	م	و	ر	ب
ب	ا	ن	و	ج	و	ش	ذ	چ	ع	ز	ر	ث	ج
و	ر	ی	ت	ژ	ث	ل	ف	ذ	ل	ي	ب	ف	گ
ش	ا	ا	و	ی	آ	ظ	ی	ب	ی	ل	ا	ک	ش
ص	ژ	ر	ز	ا	ع	ن	پ	ن	چ	ز	غ	د	ن
چ	ي	ژ	چ	ی	ن	ط	غ	ي	ن	ض	ر	ر	ک
ع	ل	ف	ه	ا	ی	ه	ر	ز	ش	ر	غ	خ	ش
ر	ن	ک	چ	غ	و	ب	ر	ي	ل	گ	د	ت	ی
د	ذ	ذ	ص	پ	غ	ز	ب	ل	ن	آ	آ	ه	ذ
ف	ف	ا	ن	ی	م	ک	ت	ح	گ	ث	ک	ق	ر

درخت
بانوج
بوش
چمن
علف های هرز
گل
گاراژ
باغ
بیل
نیمکت

ایوان
شن کش
نرده
برکه
خاک
تراس
ترامپولین
شلنگ
تاک

33 - Frutta

ک	ش	گ	آ	و	و	ک	ا	د	و	ض	خ	ت	ث
ذ	ک	ف	ل	ت	ع	ت	ف	ا	غ	ا	ظ	ج	ب
ت	ل	ش	و	ا	ض	ا	ذ	ذ	ن	ذ	آ	ل	غ
پ	پ	ق	ق	غ	ب	س	ن	ژ	و	ز	ن	ی	و
ب	ر	ز	ظ	خ	ن	ی	ا	ج	ف	گ	ا	م	ا
د	ش	ت	چ	خ	ا	ل	ژ	ژ	ت	ی	ن	و	ن
ح	ر	م	و	ز	ر	د	آ	ل	و	ل	ا	ط	ب
و	ز	ش	ک	د	ن	ب	ب	د	ت	ا	س	د	ه
ش	ط	ک	آ	و	ج	ج	ز	خ	ح	س	ی	ش	ب
ن	ل	ع	ف	ح	ی	ل	ف	ه	ل	و	ب	ر	ش
ع	پ	ی	پ	ا	پ	ا	ی	ا	ا	ن	گ	و	ر
پ	ي	س	ل	ی	ز	ز	ک	ی	و	ی	ط	ي	غ
ر	ا	گ	ی	ث	ي	ل	ع	ث	ب	ث	س	ذ	ث
د	ظ	ئ	ژ	ث	پ	آ	ک	چ	ت	ت	پ	ق	ا

زردآلو
آناناس
نارنجی
آووکادو
توت
موز
گیلاس
شکل
کیوی
تمشک

لیمو
انبه
سیب
خربزه
شلیل
پاپایا
گلابی
هلو
آلو
انگور

34 - Fattoria #2

ظ	خ	د	ص	ع	آ	ض	ي	ب	ب	ى	ا	ح	ص
چ	م	ن	ز	ا	ر	ب	ع	ر	ظ	ا	د	ى	چ
گ	و	س	ف	ن	د	ص	ى	ه	ص	ر	غ	و	ر
ت	و	پ	م	ى	و	ه	ر	ا	ذ	د	ي	ا	س
ر	ک	ش	ا	و	ر	ز	ب	گ	ر	ک	د	ن	ى
ا	ا	ى	ح	ن	ر	ذ	ض	گ	ت	ى	غ	ا	د
ک	ح	ر	ي	ت	ض	ز	ف	ي	ث	ل	ذ	ت	ه
ت	ع	ط	ي	ي	ظ	ذ	ف	ط	پ	ل	ا	م	ا
و	پ	گ	ا	ژ	ژ	ا	غ	ح	پ	ف	ص	ش	ج
ر	ع	ص	ن	ج	ف	ذ	ر	ى	پ	ک	ن	د	ي
گ	د	ن	ب	و	غ	ش	ث	غ	ب	ح	ع	ع	ل
ن	ص	غ	ا	ر	ض	ئ	ج	ا	پ	ف	و	ر	ب
د	ف	ر	ر	ي	غ	ا	ز	ه	ا	گ	د	ز	ح
م	غ	ي	ظ	ر	ز	ج	غ	ژ	ح	آ	ز	ش	غ

بره
کشاورز
اردک
حیوانات
غذا
انبار
میوه
باغ
گندم
آبیاری

لاما
شیر
ذرت
رسیده
غازها
جو
چوپان
گوسفند
چمنزار
تراکتور

35 - Dinosauri

ن	ا	س	ش	چ	ر	ج	پ	ب	ظ	ی	گ	ل	ح
ا	ا	گ	آ	ا	ي	ک	ت	د	ا	ل	ش	م	ذ
د	ن	پ	ذ	ب	خ	ژ	ي	ن	ط	ض	غ	ف	ت
ظ	پ	د	د	م	ز	ب	ف	چ	ع	ع	ل	خ	ق
س	ش	ظ	ا	ی	ن	آ	س	ح	م	ف	آ	م	د
ب	ز	ر	گ	ز	د	گ	ی	ا	ه	خ	و	ا	ر
ا	ز	م	ی	ن	ه	ش	ل	ر	ا	گ	ر	م	ت
ل	ب	ي	ر	ث	ط	ر	د	م	پ	ژ	ي	و	م
گ	و	ش	ت	خ	و	ا	ر	ن	ط	ت	و	ت	ن
م	ا	ق	ب	ل	ت	ا	ر	ی	خ	ع	و	ئ	د
ض	ق	و	ط	ت	ژ	ض	ب	گ	ی	ظ	س	ر	ر
ط	ث	د	ي	ذ	ج	ط	ض	ذ	ژ	ی	ر	ش	ج
ک	ا	چ	پ	ي	ا	س	ل	ب	ط	م	س	ت	ف
ئ	ظ	پ	ظ	ا	س	ش	ث	ت	ک	ا	م	ل	پ

بال
گوشتخوار
دم
عظیم
گیاهخوار
تکامل
فسیل
بزرگ
ماموت

قدرتمند
طعمه
ماقبل تاریخ
رپتور
خزنده
ناپدید شدن
اندازه
زمین

36 - Verdure

س	ئ	د	ژ	ک	ل	ث	چ	ا	و	پ	س	ی	ر
س	ظ	ت	پ	پ	ث	ز	ع	ع	غ	ی	ی	غ	چ
ص	ض	ث	ح	ج	ذ	ق	گ	ح	ت	ا	ب	ش	آ
ژ	ا	د	ح	ع	ج	ع	ط	ت	ر	ز	ز	ق	گ
ب	ژ	ک	گ	ف	چ	ث	ش	ف	ب	آ	م	ق	ک
ک	ل	م	ب	ر	و	ک	ل	ی	چ	خ	ی	ا	ر
ز	ن	ج	ب	ی	ل	م	غ	ئ	ه	ز	ن	ر	ف
م	ط	گ	ر	ب	ا	د	م	ج	ا	ن	ی	چ	س
و	ق	ب	ر	ن	خ	و	د	ف	ر	ن	گ	ی	ش
س	ي	ا	س	ف	ن	ا	ج	ه	و	ی	ج	ص	ق
ی	ز	و	گ	ث	ر	ش	س	ا	ل	ا	د	چ	ل
ر	ض	ق	ر	ق	ن	ن	ک	د	و	ت	ن	ب	ل
گ	و	ج	ه	ف	ر	ن	گ	ی	ئ	ا	م	د	ب
ج	خ	چ	ذ	ق	ش	غ	ط	ی	م	ت	خ	ث	گ

سیر
کلم بروکلی
کنگر فرنگی
هویج
خیار
پیاز
قارچ
سالاد
بادمجان
سیب زمینی

نخود فرنگی
گوجه فرنگی
جعفری
شلغم
تربچه
موسیر
کرفس
اسفناج
زنجبیل
کدو تنبل

37 - Scuola #2

ظ	غ	ظ	ف	س	ت	م	ظ	ل	ص	غ	ح	ک	س
ح	ق	ک	ا	غ	ذ	ق	ی	چ	ی	ف	ر	چ	ض
خ	س	ت	س	س	س	ف	و	ا	د	ب	ی	ا	ت
و	ی	ا	د	گ	ی	ر	ی	ی	ژ	ا	ش	ا	ف
ا	پ	ب	ط	و	آ	ئ	چ	ا	م	ت	ج	و	ر
ن	غ	خ	ک	ک	ض	غ	ج	ذ	د	و	ف	غ	ه
د	آ	ا	ز	م	ش	ط	ک	ت	ا	ب	ه	ا	ن
ن	ش	ن	ط	ع	ع	پ	ب	پ	د	و	ت	ب	گ
ک	ک	ه	ظ	ل	ل	ل	ا	ط	ر	س	ت	و	ل
ر	ض	ف	ظ	م	م	چ	م	گ	ی	پ	ی	گ	غ
ئ	ب	ت	ش	خ	ث	ظ	خ	ی	ا	ذ	س	ر	ت
ت	ح	ص	ی	ل	ا	ت	ق	م	ض	ا	ب	ا	ز
ک	ا	م	پ	ی	و	ت	ر	ی	ی	ظ	ق	م	ر
ذ	ژ	ت	ر	ک	و	ل	ه	پ	ش	ت	ی	ر	ط

علمی
یادگیری
اتوبوس
کتابخانه
تقویم
کاغذ
کامپیوتر
فرهنگ لغت
تحصیلات
قیچی

گرامر
معلم
ادبیات
خواندن
کتابها
ریاضی
مداد
کفش
علم
کوله پشتی

38 - Barbecue

س	ا	ل	ا	د	ع	و	ت	غ	ژ	ف	ت	ع	خ
و	پ	خ	چ	ل	ز	ا	ب	ذ	غ	ن	گ	ن	ا
ن	ک	ی	م	ق	ژ	و	ت	ا	ب	س	ت	ا	ن
ا	گ	ض	ا	ف	ل	ف	ل	چ	آ	غ	ع	ق	و
ه	ر	ز	ز	ز	گ	گ	م	ی	و	ه	آ	ي	ا
ا	ظ	ف	چ	گ	ق	گ	ق	و	ا	ب	و	گ	د
ر	س	د	ن	م	ک	و	گ	ر	س	ن	گ	ی	ه
ر	ب	ک	ج	ر	غ	ج	ف	ژ	س	ی	گ	س	چ
ز	ز	ل	ی	غ	د	ه	د	ز	چ	ا	ق	و	ز
پ	ی	ز	و	ف	ا	ف	ح	ت	ش	ا	م	ی	ض
س	ج	ب	ن	ن	غ	ر	ژ	ف	ب	ز	ض	پ	و
گ	ا	ک	ئ	ظ	ض	ن	ب	ش	ث	ث	ظ	د	آ
ئ	ت	ب	ظ	ژ	ک	گ	غ	چ	و	غ	ن	ز	ض
ی	پ	ط	ث	گ	ر	ی	ل	گ	ئ	ص	خ	ض	غ

داغ
شام
غذا
پیاز
چاقو
تابستان
گرسنگی
خانواده
میوه
گریل

سالاد
دعوت
موسیقی
فلفل
مرغ
گوجه فرنگی
ناهار
نمک
سس
سبزیجات

39 - Riempire

ث	خ	ص	ز	ن	ظ	خ	ط	ک	ت	ط	ع	س	س
ر	ط	ج	ط	د	ی	ط	ع	ش	ض	ل	ب	ی	د
ک	ش	ب	ز	پ	چ	ط	ن	و	و	د	ف	آ	ک
ب	ي	ئ	و	و	م	ط	س	ل	ا	ق	غ	س	ع
ب	ذ	ش	ک	س	د	ي	ه	پ	ن	ص	ک	ث	ل
ش	ه	ن	ت	ر	ا	ک	ه	ض	و	ح	ژ	ا	پ
ک	ت	ک	ا	پ	ن	ی	ذ	ش	آ	ی	ر	ط	ب
ه	ع	ح	ا	ص	آ	س	ن	ا	د	ل	گ	د	و
ذ	ت	ظ	و	غ	ث	ه	آ	ص	ش	ل	ژ	ز	ح
ل	س	ظ	ی	ن	ی	س	گ	د	گ	ح	س	ف	ص
ه	ب	ع	ج	ب	ض	گ	ط	ح	ب	ژ	ش	ک	ی
خ	ب	ژ	ر	ت	ق	ج	ذ	ک	س	ا	خ	ش	ئ
ذ	ا	ي	ل	و	ن	ی	ي	غ	ت	ل	ز	ت	خ
ج	ذ	ب	ل	ط	س	ب	ظ	د	ه	د	م	ی	ق

حوضه
بشکه
کیسه
بطری
پاکت
پوشه
کارتن
کشو
سبد
کشتی

بسته
جعبه
سطل
جیب
لوله
چمدان
وان
گلدان
سینی

40 - Insetti

خ	ر	م	ا	ن	ت	ی	س	ه	ق	ن	غ	ش	س
ن	ک	ک	و	ل	ا	ر	و	و	ق	ژ	چ	ث	ن
م	ل	خ	ص	ر	ص	ش	ط	ر	س	و	س	ک	ج
م	س	ر	ث	خ	چ	ت	ق	ن	ص	گ	ک	خ	ا
ز	و	ی	غ	س	ز	ه	ص	ت	ز	خ	ر	ج	ق
ن	ن	ر	ک	ظ	و	ن	ژ	ط	ن	ر	م	ل	ک
ب	ح	ث	ی	ا	ل	ی	د	ی	ب	ا	گ	ر	خ
و	ط	ط	ا	ا	د	گ	پ	ر	و	ا	ن	ه	ر
ر	ا	ج	ش	ف	ن	ا	ل	ح	ر	ب	آ	ب	و
ژ	ت	ع	ي	ئ	ض	ه	ي	ث	ع	ذ	ر	ش	ا
ج	ع	ذ	ش	ف	گ	ح	ذ	و	س	ش	م	ي	د
ط	ل	ج	ک	ع	ا	غ	د	ت	ل	د	ژ	آ	ف
پ	ش	ه	ز	ض	ح	ح	د	ژ	ط	ف	ث	غ	س
ز	ط	ت	ي	ض	ف	س	ژ	ا	ز	ی	ط	گ	ح

شته
زنبور عسل
هورنت
ملخ
سیکادا
لیدی باگ
پروانه
مورچه
لارو

سنجاقک
مانتیس
کک
سوسک
موریانه
کرم
زنبور
پشه

41 - Erboristeria

ئ	س	ب	ز	ض	ز	ژ	ج	ط	ج	ب	ر	ن	آ
ر	ی	ح	ا	ن	ح	ج	آ	ز	خ	ع	ث	ط	ش
گ	ر	ژ	ح	ز	ط	ک	و	ک	آ	ی	ف	ز	پ
ل	ي	ش	م	غ	ش	و	ی	د	ش	آ	ع	ر	ز
ن	ز	پ	پ	آ	ن	ژ	ش	ف	ژ	ئ	پ	ا	ی
ع	ج	ز	ء	ع	غ	ر	ن	ص	ی	ذ	و	ز	ا
ن	ر	ئ	ج	ص	خ	ر	ط	ف	ی	ت	ن	ی	س
ا	ف	ذ	ذ	ط	س	و	س	د	ک	چ	ه	ا	ط
ع	ذ	پ	ن	ر	پ	م	ع	ط	ر	ث	ک	ن	و
آ	ض	ف	ب	ژ	ب	ر	ک	ض	ز	گ	و	ه	خ
ق	ی	ا	ث	ا	ظ	ج	ئ	م	م	ي	ه	ف	و
ر	پ	و	ع	غ	غ	ا	و	س	ا	غ	ی	ش	د
ز	ع	ف	ر	ا	ن	ن	ر	ب	ر	آ	ص	ل	و
ب	ر	د	ي	ت	ر	خ	و	ن	ی	غ	ط	ل	س

سیر
شوید
معطر
ریحان
آشپزی
ترخون
رازیانه
گل
باغ
جزء

اسطوخودوس
مرجان
نعناع
پونه کوهی
جعفری
کیفیت
رزماری
آویشن
سبز
زعفران

42 - Danza

م	ص	ف	ر	ه	ن	گ	ی	ح	ر	س	ا	ن	ت
د	ش	ل	ی	ق	ب	ف	ر	ه	ن	گ	غ	ح	ظ
م	چ	ج	ت	گ	ص	ش	پ	ی	ت	ع	ی	ق	ت
غ	ع	ح	م	چ	ر	م	ا	ح	س	ا	س	ا	ت
م	و	س	ی	ق	ی	ه	ن	ر	س	آ	ض	ت	د
س	ج	ز	ي	ب	د	ن	آ	ز	ذ	ک	غ	م	ذ
ف	ن	گ	م	پ	غ	گ	ک	و	ش	ا	ج	ر	ن
م	س	ت	آ	ي	خ	ا	ل	ض	م	د	ن	ی	ک
ل	ع	ض	ی	آ	ب	ن	ا	ع	م	م	ب	ن	پ
ن	ل	ت	گ	پ	ت	ی	س	ی	ذ	ی	ش	ا	د
ا	ش	ت	آ	چ	ک	ج	ی	ت	م	د	ب	خ	ئ
پ	ر	ش	ش	ر	ی	ک	ک	ج	ئ	ط	غ	گ	ح
ج	ق	ظ	ظ	ت	ط	ل	ث	ث	د	ت	گ	ع	ع
م	ع	چ	ل	ژ	ب	ن	چ	د	ش	گ	ف	و	ر

آکادمی
هنر
کلاسیک
شریک
رقص
بدن
فرهنگ
فرهنگی
احساسات
رسا
شاد
گریس
جنبش
موسیقی
وضعیت
تمرین
ریتم
پرش
سنتی
بصری

43 - Scuola #1

ن	ک	ا	غ	ذ	غ	ا	و	ع	م	آ	ی	ز	ز
ش	ت	ل	ج	ا	گ	ل	م	ق	ش	ي	ف	ئ	ش
ا	ش	ث	ا	غ	س	ف	م	ع	ل	م	ق	ل	م
ن	ک	ک	ف	س	ل	ب	د	و	س	ت	ا	ن	خ
گ	ک	ت	د	ک	د	ا	ا	پ	و	ش	ه	ر	ط
ر	ث	ا	ا	آ	ژ	ر	د	ئ	آ	ب	آ	ع	ه
ه	م	ب	ص	ب	ث	م	س	ا	ب	ق	ه	ژ	م
ا	ت	ه	ظ	ق	خ	خ	م	ف	ل	ب	ث	ب	غ
ر	ی	ا	ض	ی	ن	ا	پ	ک	و	ي	غ	غ	آ
پ	س	ح	ت	ژ	ت	ص	ن	د	ل	ی	د	ز	ث
ا	م	ت	ح	ا	ن	ا	ت	ه	م	ي	ج	ک	ج
س	ر	گ	ر	م	ک	ن	ن	د	ه	ع	گ	ت	ک
خ	ج	ف	ي	ن	ا	ه	ا	ر	م	ی	ز	ص	ا
پ	ف	م	ص	ش	ق	ن	ت	ل	خ	ض	ن	و	ق

الفبا
دوستان
کلاس درس
کتابخانه
کاغذ
پوشه
سرگرم کننده
امتحانات
معلم
کتابها

نشانگرها
ریاضی
مداد
شماره
قلم
ناهار
مسابقه
پاسخ
میز
صندلی

44 - Fiori

پ د ک د ص ا ق ک ع س آ گ م ت
ب ع ی ق ر س گ ر ن ت ا ل ط ا
ت ز خ ذ ز ط گ ث ع ا ض ب گ ر
ی غ ث ج گ و ا چ و ت ظ ر ش ک
آ ظ س ض چ خ ر ي ژ ظ ع گ ع ی
خ ر د ب ش و د ز ل گ ه ت س د
ث ق ذ خ ر د ن ز ا د ب ص م ه
ث ص ا ی د و ی ن ل ذ ي ا پ ی
ی ش ن ق ت س ا ب ه چ گ ش ل ب
ا س و پ د ی غ ق ح ن ج ی و ی
س ط س م ق ک ي ت و آ پ ژ م س
ج د ی ش ر و خ ل گ ض پ ک ر ک
غ ئ ذ ث ر ي ی ص چ ش ئ ف ی و
آ ع ل ل ی ا ف س ئ ژ ئ ش ا س

قاصدک
گاردنیا
یاس
زنبق
گل خورشید
هیبیسکوس
اسطوخودوس
ماگنولیا
دیزی

دسته گل
نرگس
ارکیده
خشخاش
گلبرگ
پلومریا
رز
شبدر
لاله

45 - Ecologia

غ	ب	ز	ج	ل	ن	ز	ص	ذ	ض	ب	ذ	گ	خ
خ	ی	آ	و	چ	ط	ب	ی	ع	ت	ز	و	ی	ل
د	ر	ی	ا	ی	ی	ی	غ	س	ق	ن	ب	ا	ق
ت	ش	ف	م	ذ	د	ش	ج	ن	ت	د	ئ	ه	د
ب	ح	آ	ع	ي	ج	پ	ظ	ذ	ر	گ	ا	ا	ن
ژ	ط	ع	خ	ش	ک	س	ا	ل	ی	ی	ا	ن	س
غ	خ	ژ	ب	ئ	د	ح	ع	ی	ک	گ	ل	ه	ط
ج	ا	ن	و	ر	ا	ن	گ	ژ	د	ی	ل	ت	ب
م	ه	ج	ث	ا	ک	ک	ظ	پ	م	ا	س	ن	ی
ن	د	ا	و	ط	ل	ب	ا	ن	ف	ه	ر	و	ع
ا	ژ	ژ	ن	ن	ق	ک	ق	ص	ک	ی	ز	ع	ی
ب	ق	ا	د	ی	غ	ف	ل	و	ر	ذ	ل	ط	ذ
ع	ت	د	ق	ج	د	ش	ی	ش	ج	آ	آ	ع	ص
ف	ا	ط	ي	ح	ی	ک	م	ا	ر	ش	ذ	ث	غ

اقلیم
جوامع
تنوع
جانوران
فلور
جهانی
زیستگاه
دریایی
طبیعت

طبیعی
مارش
گیاهان
منابع
خشکسالی
بقا
پایدار
زندگی گیاهی
داوطلبان

46 - Discipline Scientifiche

ض	ع	پ	ز	م	ی	ن	ش	ن	ا	س	ی	گ	م
آ	ن	ب	ف	ی	ز	ی	و	ل	و	ژ	ی	ی	ک
ب	ج	ظ	خ	ئ	س	ح	گ	گ	ذ	ع	گ	ا	ا
س	و	د	آ	ن	ا	ت	و	م	ی	ی	ج	ه	ن
ش	م	ی	د	ب	و	م	ش	ن	ا	س	ی	ش	ی
ی	خ	ز	ق	ق	ش	و	ی	ن	ز	ل	ن	ن	ک
آ	ع	ی	ژ	ئ	ي	و	م	م	ا	ع	ص	ا	ب
ي	خ	ش	گ	ط	چ	م	ی	ز	ح	س	ش	س	ی
ه	و	ا	ش	ن	ا	س	ی	ح	ح	ص	ی	ی	و
ب	ح	ج	ا	م	ع	ه	ش	ن	ا	س	ی	د	ش
ت	ر	م	و	د	ی	ن	ا	م	ی	ک	ژ	و	ی
ر	و	ا	ن	ش	ن	ا	س	ی	ک	ف	ع	م	م
ل	ر	ذ	ب	ا	س	ت	ا	ن	ش	ن	ا	س	ی
ف	ز	ب	ا	ن	ش	ن	ا	س	ی	ش	ج	ژ	ر

آناتومی
باستان شناسی
نجوم
بیوشیمی
زیست شناسی
گیاه شناسی
شیمی
بوم شناسی
فیزیولوژی
زمین شناسی
زبانشناسی
مکانیک
هواشناسی
اعصاب
روانشناسی
جامعه شناسی
ترمودینامیک

47 - Scienza

ر	ث	پ	ث	غ	ف	ر	ض	ی	ه	ژ	ج	ل	ش
م	و	و	و	ژ	س	ح	ش	و	م	ف	ط	ا	چ
ص	و	ش	ل	ف	ی	ج	غ	ی	ح	ق	ی	ق	ت
ذ	ر	ا	ت	آ	ل	ا	س	ث	م	ط	ب	ظ	ر
و	ا	ج	د	ز	ی	ی	د	ظ	ف	ی	ز	ی	ک
د	ق	آ	ز	م	ا	ی	ش	گ	ا	ه	ا	ع	ژ
ا	ل	ج	ث	ا	ع	ض	ن	ق	ر	م	د	ی	ب
د	ی	ا	ک	ی	ر	د	ف	ئ	گ	ش	ا	گ	ی
ه	م	ذ	م	ش	ت	ف	ن	آ	ا	ا	ن	ج	خ
ب	ط	ب	ی	ع	ت	ي	ر	ی	ن	ه	ش	آ	ا
ژ	م	ه	ي	ئ	ش	ظ	م	ث	ی	د	م	گ	ت
ذ	ی	ص	ي	ظ	ل	ع	ل	ذ	س	ه	ن	ز	م
ق	ک	ت	ک	ا	م	ل	ع	ق	م	ذ	د	غ	گ
م	و	ل	ک	و	ل	ه	ا	ح	ج	ي	ژ	ج	ب

اتم
شیمیایی
اقلیم
داده
آزمایش
تکامل
حقیقت
فیزیک
فسیلی
جاذبه

فرضیه
آزمایشگاه
روش
مواد معدنی
مولکول ها
طبیعت
ارگانیسم
مشاهده
ذرات
دانشمند

48 - Gatti

ز	غ	ح	ي	ل	ج	چ	ب	س	ی	پ	چ	ج	ق
ن	د	ص	ی	ص	گ	گ	ق	ا	و	م	م	ب	ک
ذ	س	خ	ي	ی	ق	چ	خ	ع	ش	ژ	پ	ت	پ
گ	ژ	ر	چ	چ	د	م	ف	ج	ک	ض	ن	خ	ز
ژ	ل	چ	ی	ک	گ	ژ	ف	م	ا	ی	ج	و	ط
ا	ق	ک	آ	ع	خ	چ	ی	ا	ر	ل	ه	ا	خ
ظ	ج	ت	ی	ق	ن	ک	م	و	چ	آ	ت	ب	ص
ر	ن	ی	ظ	ب	د	ص	د	س	ی	ف	ئ	ی	و
ک	ص	ن	ص	گ	ه	ب	ا	ز	ی	گ	و	ش	ب
ن	ر	ع	ی	م	د	د	ی	و	ا	ن	ه	س	ی
ج	ث	ق	ث	س	ا	د	ز	د	ح	ک	ل	ح	ع
ک	چ	ص	ک	ت	ر	خ	م	ز	ژ	ک	ی	ز	آ
ا	س	ع	ش	ق	ج	س	ش	ط	ص	س	ن	ی	ث
و	ح	ش	ی	ل	ل	و	ش	خ	ص	ی	ت	ص	ژ

شکارچی
دم
کنجکاو
خنده دار
خواب
نخ
بازیگوش
مستقل
دیوانه
خز
شخصیت
کم
وحشی
خجالتی
ماوس
سریع
پنجه

49 - Surf

ا	م	ع	د	ه	م	ر	و	ق	م	ت	ج	پ	خ
ص	ق	س	ب	ک	ي	ظ	ص	ش	ژ	پ	ط	ئ	گ
پ	خ	ی	م	ا	م	ب	ت	د	ی	ه	ک	ي	ژ
ز	ش	ی	ا	ص	ح	پ	ن	ح	ن	د	ی	ت	ل
ن	ق	ت	ی	ن	ب	س	ر	ع	ت	ر	ف	ن	غ
ا	ت	ر	ط	ک	و	ح	ش	آ	ع	ی	ط	غ	د
س	ا	ب	ف	د	ب	س	ذ	ژ	ش	ا	ب	ئ	ق
ت	ی	ت	غ	ق	ه	ر	م	ا	ن	ی	ن	ق	ظ
ح	ب	ص	ی	ل	ذ	ف	ي	ز	ف	ی	و	ت	س
ک	ض	غ	ذ	ک	ز	م	و	ر	ز	ش	ک	ا	ر
ا	ض	ع	ذ	س	ر	گ	ر	م	ک	ن	ن	د	ه
م	ف	ر	ط	ا	ئ	ح	ج	م	ع	ی	ت	م	غ
س	ا	ح	ل	ز	د	ل	ع	ک	و	م	چ	گ	ح
پ	ج	ج	ق	ط	ی	ي	ث	ض	ب	ج	ش	ح	ي

ورزشکار
قهرمان
سرگرم کننده
مفرط
جمعیت
استحکام
اقیانوس
موج

محبوب
مبتدی
فوم
تپه دریایی
ساحل
سبک
معده
سرعت

50 - Imbarcazioni

ژ	د	ظ	ق	ق	ر	خ	د	م	ه	ا	ف	ا	د
گ	ق	غ	آ	ا	خ	و	ت	ر	ت	ا	ز	س	ر
ق	ص	م	ث	ی	د	ر	د	ج	ی	و	س	ک	ی
ق	ا	ی	ق	ق	ض	غ	ک	خ	ک	ا	چ	ل	ا
ا	س	گ	ب	ب	خ	غ	ل	ث	ا	ژ	چ	ه	ی
ی	ج	ض	ک	ا	م	و	ا	ج	ی	ن	و	ه	ی
ق	ژ	و	ق	د	گ	ض	ا	ط	ا	ج	ه	ظ	پ
ر	غ	ا	ج	ب	چ	ي	آ	ن	ک	د	ط	ت	گ
ا	ض	د	ز	ا	ب	ش	ز	ا	ل	ث	ی	ع	ف
ن	ی	ک	ر	ن	ش	پ	ق	ب	خ	پ	ظ	ف	گ
ی	ص	ث	و	ی	ن	م	ل	و	ا	ن	ع	ر	ل
ح	ز	خ	م	ع	ا	ق	ی	ا	ن	و	س	ی	ن
ن	ر	ن	د	م	و	ت	و	ر	ص	غ	ي	ی	گ
م	ط	گ	ث	خ	ر	ي	ص	ق	ب	ک	ظ	ع	ر

دکل
لنگر
شناور
قایق رانی
طناب
اسکله
خدمه
رودخانه
کایاک
دریاچه

دریا
جزر و مد
ملوان
موتور
دریایی
اقیانوس
امواج
فری
قایق بادبانی
قایق

51 - Api

ط	ی	ش	د	ئ	غ	د	ز	ض	ک	ک	و	ج	س
گ	ش	ک	و	ف	ه	س	ز	ع	و	ز	ت	ا	ئ
ل	ر	ن	د	ئ	ل	ی	د	ی	ذ	ل	ن	ض	ل
ت	ث	د	ز	ف	ل	ئ	آ	ع	س	ل	و	غ	ب
خ	و	و	ه	خ	و	ر	ش	ی	د	ت	ع	ذ	ژ
ل	ي	ي	گ	ژ	ج	چ	غ	م	چ	ب	ب	ا	غ
ي	غ	ح	ی	م	ف	ی	د	غ	ا	خ	ا	و	ذ
ف	ت	م	ا	ق	و	ح	ش	ر	ه	ز	ل	ش	م
ص	ذ	ک	ه	ذ	و	م	ل	ک	ه	ی	ز	ب	ی
ج	غ	ئ	ا	ز	د	ح	ا	م	ژ	س	ت	ط	و
ی	ژ	ت	ن	ز	غ	ی	ئ	ژ	ج	ت	م	د	ه
آ	ق	ع	ت	ع	ب	ز	ر	ق	ز	گ	غ	ن	آ
ي	س	ف	ط	ن	ي	ا	ج	ج	ظ	ا	ژ	ح	ب
ب	ج	ا	و	ذ	ح	ق	ح	ژ	ل	ه	ب	گ	و

بال
کندو
مفید
موم
غذا
تنوع
زیست بوم
شکوفه
میوه
دود

باغ
زیستگاه
حشره
عسل
گیاهان
گرده
ملکه
ازدحام
خورشید

52 - Conservazione

ب	د	و	خ	ص	م	ح	ت	آ	ق	چ	ي	ط	ا
ذ	ا	پ	ح	ل	ث	ح	غ	ج	آ	ت	ط	ق	ز
د	و	ز	غ	ط	ى	ز	ى	س	ت	گ	ا	ه	ذ
ث	ط	ى	ى	ش	ر	ع	ى	ط	ژ	ف	ن	ذ	ژ
ص	ل	س	د	ا	ق	آ	ر	ب	ى	م	گ	س	ي
ئ	ب	ت	ف	ط	ف	پ	ا	ى	د	ا	ر	پ	ص
ى	ح	ب	ي	ب	ح	ت	ت	ع	ر	ق	ا	ط	ص
م	ت	و	ى	ذ	ذ	ت	ا	ى	ق	ل	ن	ن	ش
خ	ت	م	چ	ر	خ	ه	ح	ذ	ش	ى	ى	ئ	س
آ	ل	و	د	گ	ى	خ	غ	ص	ت	م	ف	ژ	ل
د	ز	ج	ص	ح	ب	س	ب	ز	ى	ط	ز	م	ا
ذ	چ	ن	غ	ن	آ	ل	ى	پ	خ	ل	پ	ن	م
ظ	ا	ت	ئ	ذ	ب	ن	س	ش	ش	ح	ا	ن	ت
ل	آ	ف	ت	ک	ش	ص	گ	ح	ق	گ	چ	ت	ى

آب
محیطی
تغییرات
چرخه
اقلیم
زیست بوم
تحصیلات
زیستگاه
آلودگی

طبیعی
آلی
آفت کش
نگرانی
بازیافت
سلامتی
پایدار
سبز
داوطلب

53 - Strumenti Musicali

س	ض	گ	ج	چ	ح	م	پ	ش	م	ف	م	ج	ی
ک	پ	ف	ژ	ع	ب	ف	ی	ی	م	ز	ا	د	غ
ا	ب	ت	س	ت	آ	ب	ا	پ	ا	ط	ر	ا	ث
ش	گ	ا	ف	ا	ظ	ت	ن	و	ن	د	ی	ی	ا
ت	ی	ح	س	گ	ب	ر	و	ر	د	ذ	م	ر	ظ
ط	ت	ف	ل	و	ت	و	س	س	و	ئ	ب	ه	ج
ر	ا	خ	ص	ن	ن	م	ا	ا	ل	ص	ا	ز	ر
ث	ر	آ	پ	گ	ک	ب	ز	ک	ی	ج	ث	ن	ص
ص	غ	ع	ظ	ت	ل	و	چ	س	ن	ز	ت	گ	ژ
ب	ا	ن	ج	و	ا	ن	ن	و	و	ص	ف	ی	د
پ	ش	ث	ض	آ	ر	ی	گ	ف	ل	ی	م	ن	ر
پ	ط	ی	ئ	ک	ی	ر	ط	و	ژ	ح	و	آ	ا
ح	و	ی	و	ل	ن	س	ل	ن	ب	س	ج	ل	م
ج	ص	ئ	ف	ر	ت	ش	ت	ج	ض	ق	ج	ی	ن

ساز چنگ
بانجو
گیتار
کلارینت
باسون
فلوت
گونگ
ماندولین
ماریمبا

ابوا
پیانو
ساکسوفون
دایره زنگی
درام
شیپور
ترومبون
ویولن
ویولن سل

54 - Professioni #2

ز	ف	ط	گ	ی	ب	ظ	پ	ج	پ	س	ت	خ	ج
ق	ی	چ	ع	ب	ظ	ش	ش	ر	ل	ر	ص	ب	ا
ض	ل	س	ک	ا	ر	ا	گ	ا	ه	م	و	ر	ن
خ	س	ع	ت	پ	ز	ش	ک	ح	ا	خ	ی	ن	و
ص	و	ی	ا	ش	و	ش	ث	م	خ	ت	ر	گ	ر
چ	ف	ص	ب	ج	ن	ق	ا	ش	ی	ر	گ	ا	ش
ف	د	غ	د	ع	ق	ا	ز	پ	ض	ع	ر	ر	ن
ي	ژ	ث	ا	ث	غ	و	س	ا	خ	ف	ق	ظ	ا
ا	ف	س	ر	ب	ط	س	ک	غ	ئ	ض	ع	خ	س
ع	ک	ا	س	غ	ا	د	ا	ن	ژ	م	ع	ل	م
ق	ر	ع	و	ج	ض	غ	ش	ض	ل	ه	ی	ب	ح
ف	ض	ا	ن	و	ر	د	ب	د	ی	ن	ع	ا	ق
ز	ب	ا	ن	ش	ن	ا	س	ا	ع	د	چ	ن	ق
د	ن	د	ا	ن	پ	ز	ش	ک	ن	س	ز	ذ	ق

فضانورد
کتابدار
زیست شناس
جراح
دندانپزشک
کاراگاه
فیلسوف
عکاس
باغبان
خبرنگار

تصویرگر
مهندس
معلم
مخترع
زبانشناس
پزشک
خلبان
نقاش
محقق
جانورشناس

55 - Letteratura

گ	ض	ز	د	ر	ب	ئ	ث	ح	ئ	گ	ب	ح	ش
ظ	ظ	ذ	س	م	ی	چ	ن	ظ	ج	ف	ظ	ک	ا
ق	ذ	ي	گ	ا	و	ت	غ	ع	ی	ت	م	ا	ع
ش	ر	ح	د	ن	گ	ح	م	گ	پ	گ	ق	ی	ر
ي	ل	م	ی	غ	ر	ل	ج	گ	ص	و	ا	ت	ا
ک	ز	ي	ق	ص	ا	ی	ش	ر	ث	ن	ی	د	ن
ذ	ن	ق	د	ل	ف	ل	ع	ث	و	س	س	ب	ه
ق	و	ژ	ل	و	ی	ق	ر	غ	ث	ب	ه	ن	ق
ا	ی	ن	ا	س	ت	ع	ا	ر	ه	ک	ن	ق	خ
ف	س	ا	ت	ت	ر	ا	ژ	د	ی	ز	ژ	ص	ش
ی	ن	خ	س	ی	ل	خ	ن	ظ	ر	و	ئ	ش	ل
ه	د	ض	ث	ن	ج	ش	س	پ	ج	ب	س	س	ذ
ب	ه	ت	ی	و	ل	ه	ل	گ	ل	آ	پ	ز	ح
ئ	د	و	خ	ط	غ	ص	ص	آ	ئ	ض	پ	و	ک

تحلیل
قیاس
حکایت
نویسنده
بیوگرافی
نتیجه
مقایسه
نقد
شرح
گفتگو

استعاره
نظر
شعر
شاعرانه
قافیه
ریتم
رمان
سبک
تم
تراژدی

56 - Cibo #2

خ	ي	د	ى	ف	پ	ب	س	ع	پ	چ	گ	خ	ا
ت	ح	ج	و	ج	ر	ف	م	م	غ	ز	ئ	ش	ل
د	د	ي	ب	ک	ز	ک	س	ف	چ	چ	ط	ح	ک
ک	ى	و	ى	چ	ن	ل	ف	چ	م	پ	ذ	م	ر
خ	ف	ط	ا	گ	ع	م	ش	ک	ل	ا	ت	ر	ف
ق	ا	ر	چ	و	ز	ب	ث	ن	ل	ن	ه	غ	س
ق	ط	چ	ت	ج	ش	ر	ت	ج	ص	گ	چ	ى	ى
ش	گ	ژ	خ	ه	ص	و	ل	ت	آ	و	ت	چ	ب
آ	ظ	ا	م	ف	ض	ک	گ	پ	ق	ر	م	ط	ا
م	ن	م	م	ر	گ	ل	ى	ن	ن	ئ	ا	ت	د
ش	ا	ب	ر	ن	ج	ى	ل	ى	د	ر	س	ر	م
ص	ن	و	غ	گ	ق	ب	ا	ر	چ	م	ت	ص	ج
چ	پ	ن	ث	ى	ن	ش	س	ت	ز	ر	و	ص	ا
ش	ئ	غ	ز	ن	و	ت	گ	خ	ت	ض	ر	ز	ن

موز
کلم بروکلی
گیلاس
شکلات
پنیر
قارچ
گندم
کیوی
سیب
بادمجان

نان
ماهی
مرغ
گوجه فرنگی
ژامبون
برنج
کرفس
تخم مرغ
انگور
ماست

57 - Nutrizione

ژ	ب	ب	ص	و	ر	ظ	ئ	م	ا	ق	ل	ف	م
م	م	ی	ئ	ی	ژ	ص	ل	آ	ش	ر	آ	ژ	ت
ج	ی	د	ق	ت	ی	ی	ک	ش	ت	و	م	ط	ع
ک	پ	س	پ	ا	م	س	ن	ث	ه	ی	و	د	ا
ز	پ	س	ی	م	غ	د	و	گ	ا	خ	پ	ن	د
ز	ح	ز	غ	ی	ذ	ص	ي	ي	س	ر	ژ	ظ	ل
پ	س	ب	ذ	ن	ا	ژ	ئ	ر	ي	س	آ	ف	ض
ر	س	س	م	ک	ی	ل	چ	ق	ع	ن	ز	و	ت
و	ل	ا	ا	ا	ی	خ	ک	ق	م	ض	ه	ش	خ
ت	ا	ل	ی	ل	و	ی	ذ	غ	م	د	ا	و	م
ی	م	م	ع	ر	ف	ر	م	ل	گ	ج	چ	ت	ی
ی	ت	ئ	ا	ی	ع	خ	ح	ا	غ	س	ل	خ	ر
ن	ی	ک	ت	ج	ي	ي	پ	ق	خ	خ	ق	ض	آ
د	ی	پ	ا	ت	ا	ر	د	ی	ه	و	ب	ر	ک

تلخ
اشتها
متعادل
کالری
کربوهیدرات
خوراکی
رژیم غذایی
هضم
تخمیر
مایعات

سواد مغذی
وزن
پروتیین
کیفیت
سس
سلامتی
سالم
ادویه
سم
ویتامین

58 - Matematica

ب	ک	ف	د	ش	غ	آ	چ	ض	ژ	ث	م	چ	ذ
ح	م	م	و	ا	ز	ی	ر	ذ	ک	ج	ش	ص	ب
س	ث	ع	ر	ق	ز	ي	ط	م	س	ت	ط	ی	ل
ا	ل	ا	پ	ب	ص	ث	ئ	چ	ر	ز	پ	ظ	چ
ب	ث	د	خ	گ	ع	ی	چ	ن	د	ض	ل	ع	ی
ع	ط	ل	ت	ز	ا	و	ی	ه	گ	ی	گ	م	ط
ئ	ش	ه	چ	ق	ژ	ل	ق	ن	ط	ن	ز	ج	ذ
و	غ	ق	ط	ط	ا	م	غ	ئ	ف	س	ذ	ک	س
م	ر	پ	ج	ر	ئ	ر	گ	ب	پ	ت	پ	ط	ل
ت	ر	ق	چ	ص	ش	ط	ن	ي	خ	ن	پ	ف	ط
و	و	ج	ن	م	ا	م	ح	ی	ط	ش	ع	ا	ع
ف	ا	م	ه	ن	د	س	ه	و	د	م	د	ک	د
و	آ	ع	م	و	د	ا	ع	ش	ا	ر	ی	ط	م
ذ	چ	ث	پ	ب	د	ظ	ق	ن	ر	ح	ذ	ب	ص

زاویه
حساب
دور
اعشاری
قطر
بخش
معادله
نما
کسر
هندسه

موازی
محیط
عمود
چند ضلعی
مربع
شعاع
مستطیل
تقارن
جمع
مثلث

59 - Vacanza #1

و	ج	ب	ر	ح	و	ت	ز	آ	چ	م	و	ز	ه
ث	ا	چ	ج	خ	ر	و	ج	ی	ص	م	غ	ا	م
چ	چ	ح	ت	ا	آ	ر	ا	م	ش	ذ	د	آ	ژ
گ	ز	ت	د	غ	س	ی	م	ا	ش	ی	ن	ا	ط
گ	م	ر	ک	پ	ج	س	ف	ر	ن	ا	م	ه	ن
ک	ص	ا	چ	ئ	و	ت	ه	و	آ	ئ	چ	ت	ر
و	ص	م	ی	ي	گ	ل	ظ	و	ط	ی	ج	ص	غ
ل	ظ	و	س	ح	پ	س	ش	ق	ا	ص	ب	ض	و
ه	ع	ا	ک	س	پ	د	ی	ش	ن	پ	ل	آ	ت
پ	ض	م	پ	ط	ل	ر	و	ث	ط	و	ی	خ	ذ
ش	خ	ل	ي	ش	ر	ی	س	غ	ل	ز	ط	م	ح
ت	آ	م	غ	ز	گ	ا	ح	ق	ب	آ	ت	ض	ا
ی	ذ	ي	ل	ا	غ	چ	ث	ع	ع	ص	ح	م	ذ
ل	و	پ	ذ	ئ	ع	ه	ز	ع	ي	ک	ص	ی	ف

هواپیما
ماشین
بلیط
گمرک
سفرنامه
دریاچه
موزه
چتر
خروج
آرامش
اکسپدیشن
تراموا
توریست
چمدان
واحد پول
کوله پشتی

60 - Meditazione

ج	ک	ا	ش	ا	غ	ج	و	ژ	ط	س	و	ط	ز
ا	ظ	خ	د	ض	ذ	ظ	گ	گ	ط	ف	و	ج	ج
خ	ف	پ	چ	آ	ر	ا	م	ه	ر	ب	ا	ن	ی
ج	ن	ب	ش	ف	ق	ت	ت	و	ج	ه	ی	خ	ط
گ	ت	ر	م	ن	پ	ذ	ی	ر	ش	ق	ظ	ع	ق
ح	غ	غ	ا	و	ت	ه	م	و	س	ی	ق	ی	ت
ی	ع	ث	ن	د	ط	ن	ص	ا	ک	ی	ف	ط	ل
ق	د	ر	د	ا	ن	ی	ف	ژ	و	گ	ئ	ا	ع
و	ق	ژ	ا	ح	ص	ژ	ذ	س	ت	و	خ	ع	ش
ض	پ	و	ز	س	ل	ی	ظ	ه	و	ض	ع	ی	ت
و	ر	چ	ي	ا	ح	ا	ل	پ	ن	ط	ک	ث	و
ح	ک	ئ	ن	س	ژ	م	ش	ا	ه	د	ه	ل	ذ
ث	ک	م	ع	ا	ف	ک	ا	ر	ص	ص	ط	ف	ض
ش	ث	ئ	ا	ت	د	آ	ض	ج	ش	آ	پ	ا	ذ

پذیرش
توجه
آرام
وضوح
شفقت
احساسات
مهربانی
قدردانی
ذهنی
ذهن

جنبش
موسیقی
طبیعت
مشاهده
صلح
افکار
وضعیت
چشم انداز
تنفس
سکوت

61 - Estate

س	م	ا	ص	ع	ع	غ	ف	ف	گ	ق	ک	م	ک
ب	ا	غ	ن	ظ	ک	ذ	و	ن	ر	ي	م	و	ت
چ	ت	ح	د	و	ی	ا	ک	ا	ن	ا	پ	س	ا
پ	د	ع	ل	خ	ا	ن	ه	ت	ص	ب	ی	ی	ب
ئ	س	چ	ط	ف	ر	ا	غ	ت	س	ی	ن	ق	ه
ج	ق	ا	ز	ی	ض	م	و	ت	ی	ن	گ	ی	ا
آ	ن	چ	ز	ذ	ل	ث	ص	خ	ز	ح	ي	ک	ن
س	چ	آ	ش	ش	غ	ا	خ	ا	ن	و	ا	د	ه
ف	گ	ر	ض	ع	و	ت	ت	ط	د	آ	ی	خ	ذ
ر	ف	ا	ش	ا	د	ی	ط	ر	و	ذ	ق	ی	ر
آ	د	م	ض	د	ب	ث	ت	ا	س	آ	ط	ک	ا
س	غ	ش	ژ	ر	ی	س	و	ت	ت	ق	ژ	ن	چ
آ	ل	غ	ل	ی	ف	ت	م	ض	ا	ذ	م	آ	ا
ج	و	ق	ئ	ا	ع	ی	ج	ص	ن	و	ل	ض	ب

دریا
موسیقی
خاطرات
آرامش
صندل
ساحل
فراغت
تعطیلات
سفر

دوستان
کمپینگ
خانه
غذا
خانواده
باغ
شادی
غواصی
کتابها

62 - Escursionismo

ط	ب	ی	ع	ت	چ	ص	خ	ر	ه	ث	د	چ	ق
ا	ا	گ	و	ز	خ	گ	ط	ب	س	و	م	د	ژ
ح	ق	ب	ح	ل	چ	ص	ر	ط	م	ر	و	ح	چ
ج	ی	ل	ش	ژ	ز	پ	ا	ث	و	ا	ض	ظ	ض
ا	ز	و	ی	ف	پ	ط	ت	پ	م	ه	م	ل	م
ک	ر	ذ	ا	م	ظ	ک	م	پ	ی	ن	گ	و	ظ
غ	و	پ	آ	ن	ر	ح	ج	چ	ک	م	ه	چ	خ
ص	ذ	ه	ف	ق	ا	ض	ه	ی	ظ	ا	پ	خ	خ
ط	ذ	ز	آ	ش	ت	ت	ت	آ	ب	ه	ژ	ژ	و
پ	ر	ذ	ت	ه	س	ن	گ	ی	ن	ا	ز	ل	ر
ر	ص	م	ا	ج	ل	ا	س	ظ	ر	خ	خ	خ	ش
آ	ض	ق	ع	ي	آ	م	ا	د	ه	س	ا	ز	ی
ص	ل	س	م	ژ	ل	د	ث	د	ق	ت	آ	ت	د
ا	د	چ	ج	ث	ر	آ	ش	ر	و	ه	ع	پ	ظ

آب
حیوانات
کمپینگ
اقلیم
راهنماها
نقشه
کوه
طبیعت
جهت

خطرات
سنگین
آماده سازی
صخره
وحشی
خورشید
خسته
چکمه
اجلاس

63 - Professioni #1

ن	پ	ر	ل	و	ل	ه	ک	ش	ص	ظ	آ	د	د
و	ی	ث	ي	ز	م	ی	ن	ش	ن	ا	س	ا	ا
ا	ا	ن	آ	س	د	ا	ب	ر	ن	ط	ک	ن	ر
ز	ن	ک	ق	گ	ت	ب	ش	ل	م	ي	ض	ش	و
ن	ی	ب	ي	ش	ج	و	ا	ه	ر	ن	ص	م	س
د	س	ض	د	ک	ه	چ	ن	گ	چ	ژ	د	ن	ا
ه	ت	گ	ظ	ا	ش	ن	ت	چ	و	چ	ع	د	ز
ح	ذ	ی	غ	ر	ح	ظ	گ	ع	ر	چ	ی	ي	ث
غ	ض	ش	ز	چ	چ	ئ	د	ا	م	پ	ز	ش	ک
و	ی	ر	ا	ی	ش	گ	ر	س	ر	و	ی	ز	ظ
ر	و	ا	ن	ش	ن	ا	س	ا	ب	ی	ک	ت	و
ي	ي	ب	ا	ن	ک	د	ا	ر	ی	س	ف	ی	ر
پ	ر	س	ت	ا	ر	ق	ص	ن	د	ه	ش	ف	ل
س	ت	ا	ر	ه	ش	ن	ا	س	ص	و	ش	غ	گ

مربی
سفیر
هنرمند
ستاره شناس
وکیل
رقصنده
بانکدار
شکارچی
نقشه نگار
ویرایشگر

داروساز
زمین شناس
جواهر
لوله کش
پرستار
نوازنده
پیانیست
روانشناس
دانشمند
دامپزشک

64 - Antartide

ج	ت	ق	ا	ر	ه	ژ	ژ	ن	م	ح	ی	ط	ص
غ	و	ح	ک	ک	گ	ط	پ	ه	و	آ	ک	ف	چ
ر	پ	ظ	س	ط	ت	ن	ت	ن	ا	چ	ح	ع	ع
ا	و	ت	پ	ژ	ی	ش	ع	گ	د	ط	آ	ش	ی
ف	گ	ا	د	ی	س	ئ	ا	چ	م	م	ح	ق	ق
ی	ر	ک	ی	خ	د	ئ	ح	ف	ع	ه	ذ	گ	خ
ا	ا	چ	ش	ل	غ	ر	ز	ت	د	ا	ق	ح	ژ
ل	ف	ز	ن	ی	س	ظ	ج	چ	ن	ج	ز	ج	ط
غ	ی	ژ	ظ	ج	ق	ح	ا	ه	ی	ر	چ	ز	ج
ح	ف	ا	ظ	ت	ع	آ	ب	آ	ح	ت	ش	ا	ک
ر	گ	ی	آ	ژ	ع	ث	ر	ج	ض	ر	ک	ی	ئ
ب	ز	ف	ب	ر	ل	ل	ه	ذ	ک	ا	ا	ر	پ
س	ک	ظ	ی	س	م	پ	ا	ا	گ	ک	چ	ر	ص
ش	ب	ه	ج	ز	ی	ر	ه	ع	ض	ی	ض	ژ	ت

آب
محیط
خلیج
نهنگ
حفاظت
قاره
اکتشاف
جغرافیا
یخ
جزایر

مهاجرت
مواد معدنی
ابرها
شبه جزیره
محقق
راکی
علمی
اکسپدیشن
درجه حرارت
توپوگرافی

65 - Libri

ذ	غ	م	ا	ن	گ	ی	ز	ط	ن	ع	د	ژ	ر
ئ	د	ا	س	ت	ا	ن	ب	ن	آ	ح	و	ط	ا
پ	ظ	ج	م	ب	ت	ک	ر	ز	ص	گ	گ	ح	ص
م	س	ر	ق	و	ذ	غ	خ	ص	ن	ح	ا	چ	آ
گ	ل	ا	ف	ل	ن	ث	ي	ث	و	م	ن	ب	ش
س	ن	ج	ر	م	ا	ن	چ	ا	ش	ا	گ	ن	ن
د	و	و	م	ج	م	و	ع	ه	ت	س	ی	گ	پ
ر	د	ی	ی	ز	ز	ظ	خ	ف	ه	ه	غ	خ	ب
م	ث	ی	آ	س	س	غ	ص	ا	ش	ع	ر	و	ق
ی	ر	ت	ش	ر	ن	ح	ف	ذ	د	ظ	ن	ا	ئ
د	ض	ب	ت	ی	ع	د	ح	س	ه	ب	پ	ن	ک
گ	ر	ا	و	ی	م	ي	ه	ر	ی	غ	ی	ن	گ
ح	و	ف	م	ط	د	ن	ق	ق	ث	ط	پ	د	ظ
د	ژ	ت	ا	ر	ی	خ	ی	ل	ذ	ج	ژ	ه	ز

نویسنده
ماجراجویی
مجموعه
بافت
دوگانگی
حماسه
مبتکر
ادبی
خواننده
راوی

صفحه
شعر
مربوط
رمان
نوشته شده
سری
داستان
تاریخی
غم انگیز
طنز

66 - Geografia

ق	ا	آ	آ	ر	آ	گ	آ	ش	ج	ز	ی	ر	ه
ل	پ	ی	ت	ذ	ی	ث	ن	ق	ز	ن	ق	ش	ه
م	ی	ي	ظ	ص	خ	ژ	ش	ف	ج	م	و	ص	ذ
ر	ط	ل	ع	ل	ض	ظ	ئ	ی	غ	ن	خ	ب	ت
و	و	چ	ع	ب	خ	ا	ط	ل	س	ط	ژ	ر	خ
آ	ا	ظ	ض	ش	ش	ه	ر	ث	ض	ق	ئ	و	ذ
ج	ک	ش	و	ر	ط	و	ل	ت	ص	ه	ح	د	ی
ه	س	ل	ش	ژ	ع	ک	ض	ی	ف	ا	ع	خ	ض
ا	س	ل	م	ت	چ	و	ض	غ	ث	ا	ص	ا	چ
ن	ص	ف	ا	ل	ن	ه	ا	ر	ر	ک	ع	ن	م
ذ	س	ژ	ل	گ	ئ	د	چ	ب	ز	ع	ق	ه	ن
ث	ی	ع	ر	ض	ج	غ	ر	ا	ف	ی	ا	ی	ی
ب	ر	د	س	ا	ج	ئ	ن	ی	م	ک	ر	ه	ک
ر	ج	ئ	ئ	ص	ي	ذ	ژ	ط	ا	ف	ه	د	ي

ارتفاع
اطلس
شهر
قاره
نیمکره
رودخانه
جزیره
عرض جغرافیایی
طول
نقشه

دریا
نصف النهار
جهان
کوه
شمال
غرب
کشور
منطقه
جنوب
قلمرو

67 - Cibo #1

ف	ک	ب	ب	ض	ظ	م	ث	ل	چ	ش	گ	ظ	ا
ظ	ت	ح	ر	ی	ح	ا	ن	م	ک	ق	س	ل	س
ض	ن	و	د	ا	ر	چ	ی	ن	ع	ن	ا	ع	ف
ش	ی	ر	ت	غ	گ	ف	ژ	خ	ع	د	ل	ژ	ن
ل	ظ	ژ	ی	ف	ل	ل	گ	ن	ح	چ	ا	ی	ا
غ	پ	ع	ر	ئ	ر	خ	ا	ر	ف	س	د	پ	ج
م	گ	و	ش	ت	م	ن	ل	ب	ج	و	ع	ل	س
ک	ی	ک	پ	ی	ا	ز	گ	گ	ی	ذ	ر	ژ	ب
ن	س	ی	ر	س	ه	غ	ب	ی	ل	س	ی	غ	خ
چ	خ	ی	خ	ض	ی	ل	آ	ک	غ	ی	ط	د	پ
ت	چ	غ	ذ	خ	ت	و	ف	ظ	ق	ج	م	ق	ط
ص	ح	ب	غ	ش	ن	ح	آ	م	گ	ف	ب	و	گ
م	غ	پ	ژ	آ	ص	ت	ح	چ	ژ	ذ	س	ص	ظ
ه	و	ی	ج	ب	ئ	ظ	ح	ل	ط	م	پ	م	ص

سیر
ریحان
دارچین
گوشت
هویج
پیاز
توت فرنگی
سالاد
شیر
لیمو

نعناع
جو
گلابی
شلغم
نمک
اسفناج
آب
ماهی تن
کیک
قند

68 - Aeroplani

ت	ه	ا	ص	خ	ر	ي	ل	و	خ	ف	ر	و	د
ش	ع	ى	ر	ث	ظ	ط	ي	آ	د	ب	خ	ح	ت
ا	ر	ى	د	ت	ا	ر	ى	خ	م	ا	ل	غ	ل
غ	ت	پ	ک	ر	ف	ح	ج	س	ه	د	ب	و	ا
ا	غ	م	ض	ض	و	ا	ض	ا	ز	ک	ا	ک	ط
م	ض	ا	س	ق	ب	ژ	ع	خ	ث	ر	ن	ب	م
س	گ	ج	ي	ف	ى	ط	ن	ت	گ	د	ر	ا	ت
ت	ج	ر	ث	ژ	ر	ب	ح	و	ي	ن	ز	د	ج
ت	ب	ا	ر	ب	غ	آ	آ	س	م	ا	ن	ک	ص
و	گ	ج	ى	م	غ	ى	پ	ا	و	ا	ص	ن	ض
ت	ه	و	ا	س	س	ق	آ	ز	ت	د	ا	ک	ک
د	ظ	ى	ژ	ا	ض	ب	ص	س	و	خ	ت	ق	و
ژ	س	ى	ع	ف	غ	ذ	ش	س	ر	چ	ط	و	ط
ث	ض	و	ش	ر	ع	ن	ط	ج	ه	ت	س	ق	ج

ارتفاع
هوا
اتمسفر
فرود
ماجراجویی
سوخت
آسمان
ساخت و ساز
طرح
جهت

تبار
خدمه
باد کردن
هیدروژن
موتور
بادکنک
مسافر
خلبان
تاریخ
تلاطم

69 - Pirati

ا	ف	س	ا	ن	ه	ژ	ج	ز	د	ل	س	ا	د
س	س	ی	ج	م	ی	ک	گ	ز	ن	ن	ا	گ	ص
گ	ش	ک	م	ا	خ	و	ن	ع	ی	گ	ح	ط	س
ن	چ	ح	ا	ج	خ	ط	ر	ا	خ	ر	ل	ل	گ
ز	د	پ	آ	ر	آ	و	ت	ف	م	م	ه	ا	ن
گ	ز	ر	ض	ا	ق	ط	ب	ن	م	ا	د	ط	ج
خ	ص	چ	ن	ج	ظ	ی	ژ	م	ي	ظ	د	و	ش
ث	د	م	ق	و	ع	ا	ط	ژ	غ	ث	ت	ش	پ
ز	ش	م	ش	ی	ر	ن	ر	ذ	ا	س	ج	ک	د
ب	ت	پ	ه	ی	ا	ا	ب	د	ر	ک	ظ	ط	ظ
ک	ا	پ	ی	ت	ا	ن	ژ	ک	ب	ه	ل	ل	گ
ل	س	ز	ا	ز	ص	ج	ي	پ	ع	ع	آ	ن	س
ی	ص	آ	ک	ط	ظ	ب	ذ	ک	ب	غ	ک	ن	ن
ظ	آ	ز	ع	ز	ي	د	ي	ض	ش	ل	ظ	ح	غ

افسانه
نقشه
سکه
طلا
طوطی
خطر
رم
شمشیر
ساحل
گنج

لنگر
ماجراجویی
پرچم
قطب نما
کاپیتان
بد
اسکار
خدمه
غار
جزیره

70 - Colori

ص	پ	ش	ص	س	گ	ط	ق	ژ	س	ث	چ	گ	ب
ی	ز	ض	و	ا	ط	ف	ر	د	د	ظ	ژ	ت	پ
ئ	ط	ک	ر	آ	ی	س	م	ض	ج	ت	ت	ذ	غ
ل	ر	چ	ت	ي	خ	د	ز	ظ	ي	و	ت	و	ر
ط	ط	و	ی	م	ق	ت	خ	ح	ق	ل	س	ب	و
و	ک	ک	ق	ه	و	ه	ا	ی	ذ	ا	ا	س	ف
خ	ن	ا	ر	ن	ج	ی	ک	گ	ي	ئ	ر	ب	ی
ز	ر	ش	ک	ی	ن	ث	س	ر	ی	ق	غ	ز	ر
ز	ر	د	ب	ن	ف	ش	ت	ف	ط	ر	و	ل	و
ب	ژ	ک	ل	ا	ج	و	ر	د	ی	ذ	ا	س	ز
آ	ت	ظ	ي	ر	ط	ش	ی	ت	ف	د	ن	ی	ه
آ	ص	ک	د	ح	چ	س	ص	ب	پ	ت	ی	ا	ا
چ	ب	ر	ا	و	ن	ی	ل	ی	چ	ئ	ج	ه	ی
ز	ب	ی	ح	م	ل	ف	د	ص	س	چ	ذ	ط	ص

نارنجی
لاجوردی
بژ
سفید
آبی
فیروزه ای
زرشکی
زرد
خاکستری

نیلی
ارغوانی
براون
سیاه
صورتی
قرمز
قهوه ای
سبز
بنفش

71 - Suoni

ب	آ	ث	ط	غ	ب	پ	ت	د	س	پ	ق	ط	د
ظ	ا	ي	ن	ا	ل	ه	ر	ط	ک	ف	ت	خ	ث
ق	ذ	ک	ج	س	ر	ف	ه	س	گ	ف	ف	ی	غ
ظ	م	ئ	و	ج	ز	ط	گ	و	ر	ا	ث	ی	ک
ب	ي	ف	ا	غ	ش	ن	ق	ت	و	و	آ	غ	ز
آ	ژ	ی	ر	ه	ا	ی	س	ر	ه	ل	ص	ج	ژ
و	خ	ق	ق	ئ	خ	ن	د	ه	ک	چ	ث	د	ظ
ک	خ	ي	ش	ف	ر	ا	ک	ب	ر	ج	ی	خ	ا
ن	ف	ق	ذ	ح	پ	ن	م	ف	ج	م	پ	ژ	ت
س	خ	ز	ذ	ف	چ	د	چ	ج	ت	ت	ئ	ک	ا
ر	ی	ص	د	ا	ه	ا	ر	ح	ف	ص	ز	ل	ز
ت	ع	ئ	ک	ن	ذ	ز	ت	ک	ر	ا	ر	ی	ذ
ث	ت	گ	ب	ق	ض	ج	ج	ع	ذ	ف	ن	و	ل
ق	و	گ	ق	ن	ب	ر	غ	ص	ب	ک	ش	ل	ل

کف زدن
بل
کنسرت
گروه کر
اکو
سوت
ناله
تکراری

خنده
طنین انداز
پر سر و صدا
آژیرها
نجوا
سرفه
لرزش
صداها

72 - Spiaggia

خ	ر	چ	ن	گ	ش	ط	د	ح	د	ض	ط	ا	خ
ط	و	ن	ص	س	ن	ت	ل	ئ	و	ث	م	ق	و
ع	ص	خ	ا	ع	ص	خ	چ	د	ک	ل	ژ	ی	ر
چ	س	ع	ر	ذ	ظ	پ	ز	ر	ض	ک	ه	ا	ش
ژ	ث	ل	ا	ث	ض	ج	ز	ی	ر	ه	ب	ن	ی
ض	چ	ژ	ش	پ	آ	ر	ص	ا	ع	م	ش	و	د
غ	ض	آ	ا	غ	م	چ	ن	س	ا	ح	ل	س	ت
ض	د	ز	ژ	ط	غ	چ	د	ک	و	ع	آ	ظ	ع
ن	ع	گ	ش	ل	ک	چ	ل	ل	ئ	ث	ق	ب	ط
ن	گ	ج	ش	خ	س	د	ت	ه	ک	آ	ا	ذ	ی
ی	ی	ت	پ	ه	د	ر	ی	ا	ی	ی	ی	ر	ل
چ	ت	ر	ط	ک	م	غ	گ	غ	ل	ا	ق	ر	ا
ع	ف	م	چ	ا	ث	ژ	ث	د	ذ	ا	ض	ک	ت
ق	ا	ی	ق	ب	ا	د	ب	ا	ن	ی	ب	غ	ي

حوله
قایق
قایق بادبانی
آبی
ساحل
اسکله
خرچنگ
جزیره
تالاب

دریا
اقیانوس
چتر
شن
صندل
تپه دریایی
خورشید
تعطیلات

73 - Avventura

ا	ي	ي	ض	ی	س	ف	ر	ن	ا	م	ه	ش	گ
ش	ت	آ	پ	ت	آ	گ	ش	ت	و	گ	ذ	ا	ر
د	ظ	ز	ی	ب	ا	ی	ی	ا	غ	ا	آ	ن	م
د	غ	ی	ر	م	ع	م	و	ل	د	آ	م	س	ق
ف	و	ظ	ز	ش	و	ز	ح	ن	ع	ی	ا	ج	ص
ع	ش	س	ر	ک	ص	ح	ل	ج	ل	ن	د	ه	د
ا	چ	چ	ت	ل	ص	ئ	غ	ل	ن	ت	ه	ت	ظ
ل	ح	ش	گ	ا	ی	م	ن	ی	ش	ض	س	ی	ض
ی	ت	ک	د	ح	ن	ف	آ	ج	ج	ص	ا	ا	ئ
ت	ط	ن	ذ	ژ	خ	ط	ر	ن	ا	ک	ز	ب	پ
ج	ط	چ	ظ	ع	ا	ب	ت	ص	ع	ئ	ی	ی	ض
د	ز	ص	خ	غ	ش	ی	غ	س	ت	ح	آ	ک	ث
ی	م	ط	م	م	ر	ع	ا	ش	ت	ی	ا	ق	س
د	ژ	ق	چ	ف	ی	ت	ی	ک	ج	ض	ز	پ	ث

غیر معمول
سفرنامه
طبیعت
جهت یابی
جدید
فرصت
خطرناک
آماده سازی
ایمنی

دوستان
فعالیت
زیبایی
شانس
شجاعت
مقصد
مشکل
اشتیاق
گشت و گذار
شادی

74 - Forme

ج	ک	م	ا	ن	ث	د	گ	ن	ک	ط	م	ق	ر
م	ی	خ	ر	گ	م	ع	ا	س	م	ت	ی	ي	ج
ن	ژ	ر	ع	ب	ر	آ	ا	ی	م	ن	ش	و	ر
ح	ل	و	ق	ی	ع	ا	ژ	ل	ر	ک	خ	خ	و
ن	پ	ط	ث	ض	ز	ژ	ف	ن	پ	ه	ر	م	و
ی	ذ	گ	ف	ی	چ	گ	م	د	ظ	ب	ت	ک	ک
ا	ض	ر	و	ق	ی	ف	ث	ر	ئ	غ	ث	ع	چ
ژ	ی	ز	غ	ش	ه	ذ	ل	و	ل	ی	م	ب	ن
س	ث	ا	غ	ئ	ه	ل	ث	ت	ظ	گ	ع	م	د
ئ	ر	ي	چ	ت	ع	ژ	ش	ژ	پ	ف	ا	س	ض
ض	م	و	غ	ر	د	ز	ث	چ	آ	ع	ق	ت	ل
ذ	چ	پ	ن	ش	ا	ع	خ	ط	گ	ر	د	ط	ع
ن	غ	س	و	ط	ع	ث	ص	ي	ف	ز	ش	ی	ی
ن	م	پ	ت	ض	ث	گ	ط	ک	ر	ه	ط	ل	گ

گوشه
کمان
دایره
سیلندر
مخروط
مکعب
منحنی
هذلولی
سمت
خط

بیضی
هرم
چند ضلعی
منشور
مربع
مستطیل
گرد
کره
مثلث

75 - Oceano

م	ع	ج	ت	ج	ک	س	م	ا	م	و	ا	ج	ح
ی	ر	م	ر	ج	ا	ن	ا	خ	ر	چ	ن	گ	ج
گ	و	ف	ض	م	س	ف	ه	ت	ص	ش	ه	ط	ئ
و	س	ش	ص	پ	ف	م	ی	ا	ف	ض	ن	م	ک
د	د	ص	د	ف	ن	ل	ذ	پ	ف	ژ	گ	ي	و
ث	ر	گ	ذ	م	ج	ل	ل	و	خ	د	ت	ق	س
د	ی	خ	ع	ا	ف	ذ	غ	س	م	ن	پ	و	ه
ط	ا	ش	ج	ه	د	م	ا	ر	م	ا	ه	ی	ج
و	ی	و	ی	ی	ج	ل	ش	ج	و	پ	د	گ	ک
ف	ی	ا	ي	ت	ت	ص	ف	ظ	ج	خ	ر	ک	ل
ا	ژ	ج	ق	ن	آ	ک	گ	ی	ق	ژ	ی	س	پ
ن	و	ب	ل	ا	ک	پ	ش	ت	ن	ش	ا	ی	ز
ا	ص	ن	ص	ب	ی	ض	خ	ع	ب	ز	ی	د	ل
پ	س	آ	ئ	ج	ک	ق	ض	چ	غ	ل	ی	ق	ذ

جلبک
مارماهی
نهنگ
قایق
مرجان
دلفین
میگو
خرچنگ
عروس دریایی
امواج

صدف
ماهی
اختاپوس
نمک
تپه دریایی
اسفنج
کوسه
لاک پشت
طوفان
ماهی تن

76 - Famiglia

خ	ع	ب	خ	و	ا	ه	ر	ز	ا	د	ه	ک	ش
پ	و	م	م	ا	د	ر	م	د	خ	ت	ر	و	ح
د	غ	ا	ذ	ا	ف	آ	ژ	س	ظ	ص	ض	د	ش
ر	ل	د	ه	ج	ت	ب	پ	د	ر	ا	ئ	ک	آ
ب	ا	ر	ط	ر	گ	و	د	غ	ي	چ	خ	ى	ث
ز	د	ب	خ	غ	ف	ر	ر	و	ز	غ	چ	ف	ر
ر	ل	ز	ب	ظ	ض	ذ	ط	م	ق	ع	پ	ت	خ
گ	ث	ر	ق	خ	ع	م	و	س	د	ل	ئ	ب	ي
ل	ش	گ	ل	ى	ف	ي	ع	ر	آ	ن	و	ش	ط
ک	و	د	ک	ى	ج	و	م	پ	د	ر	ى	ه	ص
آ	ه	ط	م	پ	چ	ج	ه	ظ	گ	ژ	ج	ز	ا
ن	ر	ق	م	ئ	ب	ر	ا	د	ر	ذ	ژ	ج	د
ذ	ع	ژ	چ	پ	ي	ق	ئ	ق	ي	ب	ج	ن	ى
ز	ى	و	ط	ژ	ل	ک	ي	ض	ى	ظ	ت	ز	ب

جد
کودک
دختر
برادر
دوقلوها
کودکی
مادر
شوهر
همسر

خواهرزاده
مادربزرگ
پدربزرگ
پدر
پدری
خواهر
عمه
عمو

77 - Veicoli

گ	م	ژ	ث	ا	س	ک	و	ت	ر	ق	م	ب	ک
ش	ر	چ	م	ت	ر	و	ح	ي	ق	ط	ا	ر	ا
ز	آ	م	ب	و	ل	ا	ن	س	م	و	ش	ک	ر
ه	ی	آ	ژ	ب	ع	م	غ	ف	گ	ر	ی	ا	و
ل	و	ر	ض	و	د	و	چ	ر	خ	ه	ن	م	ا
ه	ئ	ا	د	س	ج	ت	ق	ی	گ	ح	چ	ی	ن
ض	ل	ق	پ	ر	ج	و	ا	ض	ض	ر	خ	و	ت
ذ	ا	ی	ئ	ی	ی	ر	ی	ث	گ	آ	خ	ن	ص
ئ	س	ع	ک	ص	م	ا	ق	ی	ي	و	ا	ح	خ
ل	ت	ش	ت	و	س	ا	ی	ط	ت	د	د	و	ف
ق	ی	ا	ع	ی	پ	ث	ض	ی	ا	ط	ز	غ	ل
ح	ک	ت	ر	ا	ک	ت	و	ر	ک	ع	ا	ا	م
ش	خ	ل	خ	ي	ظ	م	ر	ت	س	ظ	گ	ح	خ
ي	ط	خ	ف	ي	ط	پ	ن	ي	ی	ئ	خ	غ	د

هواپیما
آمبولانس
ماشین
اتوبوس
دوچرخه
کامیون
کاروان
هلیکوپتر
مترو
موتور

شاتل
لاستیک
موشک
اسکوتر
زیردریایی
تاکسی
فری
تراکتور
قطار
قایق

78 - Emozioni

ف	س	ن	ص	ک	ق	پ	ب	چ	آ	ف	چ	ض	ق
ک	ت	ط	ذ	گ	ط	ث	گ	م	خ	ل	گ	ر	خ
س	ی	پ	ص	ش	و	پ	ه	ف	آ	ر	ا	م	ش
ا	ع	ی	ع	چ	ک	ر	م	ح	ت	و	ا	ج	ا
ل	ث	ا	ق	ق	ص	و	د	س	ی	س	ک	ض	د
ت	ر	س	د	س	ث	آ	ر	ا	م	ش	ئ	ث	ی
ف	ل	ي	ظ	ت	ذ	ک	د	س	ا	ض	ط	ی	غ
پ	ز	ل	د	ج	ض	گ	ی	ی	خ	ش	م	ی	م
س	پ	ا	س	گ	ز	ا	ر	ت	ج	ئ	ب	ژ	و
ع	ل	ف	ئ	ط	م	ه	ر	ب	ا	ن	ی	ن	ا
غ	ش	ک	ع	ز	ح	پ	ز	ج	ل	ص	ل	ح	ن
و	ت	ق	ا	س	ر	آ	ی	غ	ت	ئ	ئ	ک	د
ت	س	ک	ی	ن	ي	ن	ی	ب	ب	چ	م	ی	و
ص	ا	چ	ا	ا	ا	ر	ج	ئ	ح	پ	س	ف	ه

عشق
سعادت
آرام
محتوا
مهربانی
شادی
سپاسگزار
خجالت
کسالت

صلح
ترس
خشم
تسکین
همدردی
راضی
حساسیت
آرامش
غم و اندوه

79 - Natura

ف	آ	ک	آ	ص	ا	ل	ر	و	د	خ	ا	ن	ه
ز	ر	ب	ز	خ	ب	ن	ف	غ	ي	ذ	گ	گ	ک
ن	ا	س	ع	ر	ر	ل	ا	ت	ع	و	ژ	ر	ک
ب	م	ظ	ا	ه	ه	ف	ل	ط	پ	ی	ا	م	و
و	ق	د	ح	ی	ا	ت	ی	ذ	ن	ح	ض	س	ی
ر	ش	ط	ي	ح	ش	ز	ی	ب	ا	ی	ی	ی	ر
ه	چ	ا	ب	ف	ک	غ	ظ	ش	ه	چ	غ	ر	و
ا	ط	آ	خ	ش	پ	و	ی	ا	گ	ژ	غ	ی	ح
ع	ش	ج	ئ	و	م	ح	ی	و	ا	ن	ا	ت	ش
ژ	م	ص	خ	م	ب	ا	ب	د	ه	ظ	پ	ا	ی
ل	ه	ي	ي	ص	ل	ر	ل	ج	م	ج	ن	گ	ل
خ	ی	خ	چ	ا	ل	ث	گ	چ	ص	ت	ا	ئ	و
ن	غ	ت	ف	ت	ل	ا	و	آ	ز	ق	ه	غ	ط
ص	ت	ط	ن	ب	م	ی	د	ض	ذ	ب	ق	ی	ب

حیوانات
زنبورها
قطب شمال
زیبایی
کویر
پویا
فرسایش
رودخانه
شاخ و برگ
جنگل

یخچال
مه
ابرها
پناه
پناهگاه
صخره
وحشی
آرام
گرمسیری
حیاتی

80 - Balletto

ب	ا	چ	ک	م	ر	ل	ک	گ	ش	ق	ض	ن	ب
چ	د	ق	خ	ض	ق	ق	ا	م	د	ذ	ا	و	گ
ع	ض	ل	ا	ت	ص	ق	ص	و	ت	و	ر	ف	خ
ز	آ	آ	ن	ي	ن	ک	ز	س	د	ئ	ک	ل	ا
ز	ل	ه	ف	ر	د	س	و	ی	ت	س	س	ت	ش
ث	چ	ن	ر	س	ه	چ	ت	ق	پ	ش	ت	گ	ح
م	ح	گ	ا	ا	ر	س	ن	ی	ب	ی	ر	ع	ف
ب	ه	س	د	ئ	ز	ب	ت	م	ر	ی	ن	آ	ر
م	ی	ا	ی	ژ	ه	ک	ر	ق	ا	ص	ه	د	د
ر	ظ	ز	ر	ژ	ن	ر	ر	پ	ز	ژ	س	ت	چ
گ	ر	ص	خ	ت	ر	ق	خ	ی	ن	ز	پ	ی	ج
ص	ط	ی	ا	و	ی	ي	ع	ب	د	ش	ا	ب	ق
ث	ي	ب	ت	ت	ک	ن	ی	ک	ه	ا	ب	ب	ح
د	ذ	ي	د	م	ز	ب	ي	ط	ر	غ	ظ	آ	ث

برازنده
شدت
عضلات
موسیقی
ارکستر
تمرین
ریتم
سبک
تکنیک

مهارت
هنری
انفرادی
رقاصه
رقصنده
آهنگساز
رقص
رسا
ژست

81 - Castelli

ش ت ی ه ا ش د ا پ ر و ط ا ز
م ا ض ي ن ي س گ ض ب ج ژ ر س
ش ج ج ش ه ی ل ا و ش د ه و پ
ی ذ گ گ ب د ح ف ن ه آ ث و ر
ر ش ض ی ژ ر پ ت ا م ه ع ل ق
ذ ا غ ه ل س ل س ن ض ئ خ ل ش
ي ه ت ث غ ب م ج ج م ح ط خ و
ا ز گ ذ ق د ن خ ی آ ص ک س س
ي ا ر ا و ی د ع ب خ ظ س ا ی
ع د ر ص ق ی ر و ت ا ر پ م ا
ا ه ج ر ب د آ ح چ ب م ل ت ه
ژ و د ا ت ل ظ ل ن ذ ف س خ چ
ع آ ظ ج چ ض م ح ظ ص د ئ ق ا
ص خ ی ژ م ص ل ب س ا ا پ ل ل

زره
منجنیق
شوالیه
اسب
تاج
سلسله
اژدها
سیاه چال
قلعه
خندق

امپراتوری
نجیب
قصر
دیوار
شاهزاده
پادشاهی
سپر
شمشیر
برج

82 - Campionato

ب	ز	د	ز	غ	ق	ه	ر	م	ا	ن	ی	ق	ج
ژ	ع	ن	د	ج	ی	ي	چ	س	س	پ	غ	ه	ع
ذ	ش	ژ	س	ن	ک	د	ق	ا	ت	ی	م	ر	ن
ح	ر	ز	ن	ک	ط	س	ا	ب	ر	ر	ل	م	غ
ل	ح	ک	ت	چ	ژ	ع	ض	ق	ا	و	ق	ا	ی
ک	ظ	آ	آ	س	ذ	ذ	ی	ا	ت	ز	ط	ن	ط
ص	ظ	آ	ض	گ	ل	ت	ط	ت	ژ	ی	ت	ل	ج
ض	ز	ا	ز	و	ض	ل	ر	ئ	ی	ح	ذ	چ	ئ
ل	ی	گ	ت	ث	ش	غ	ا	س	ت	ق	ا	م	ت
ع	ع	ض	ش	د	ف	ژ	گ	ن	ظ	پ	ق	م	ع
ل	ف	ت	ع	م	ل	ک	ر	د	گ	ح	ژ	ر	ر
ض	ن	ذ	ط	د	ک	ی	ب	و	گ	ی	چ	ب	ی
ث	ف	ی	ن	ا	ل	ی	س	ت	آ	ژ	ز	ی	ق
ئ	خ	گ	ب	ل	و	ر	ز	ش	ش	خ	ی	ه	ن

عملکرد
استقامت
ورزش
تیم
استراتژی
تعریق
مسابقات
پیروزی

مربی
قهرمانی
قهرمان
فینالیست
قاضی
لیگ
مدال
انگیزه

83 - Foresta Pluviale

ت	ا	خ	ع	ط	ز	ل	ف	ا	چ	ج	خ	ا	ح
ر	ق	ز	ک	ج	ب	ا	ا	ر	ز	ش	ن	ت	ف
م	ل	ه	س	گ	ح	ی	ف	ذ	ش	ظ	ق	گ	ظ
ی	ی	غ	د	ژ	ش	آ	ع	م	ج	ص	ن	و	ل
م	م	ا	ط	س	ر	ب	ظ	ت	ا	ن	ج	م	ن
ل	آ	ا	ف	گ	ا	ب	ر	ه	ا	ف	د	ث	پ
ص	ق	ژ	خ	پ	ت	ب	ی	ت	ض	غ	و	ح	ر
پ	س	ت	ا	ن	د	ا	ر	ا	ن	ئ	ز	خ	ن
ت	ن	و	ع	ا	ط	ی	ث	ث	س	ن	ی	ق	د
ج	ح	س	ش	ه	ح	س	ئ	ی	ر	پ	س	و	گ
ي	ذ	گ	ظ	ق	ی	ت	ي	ف	ع	ب	ت	ط	ا
ب	م	ق	ع	ن	ئ	ج	ر	آ	ذ	و	ا	ب	ن
ل	ط	آ	ط	ض	ص	م	ا	ا	ض	م	ن	ق	ش
گ	ی	ا	ه	ش	ن	ا	س	ی	م	ی	ظ	ا	س

دوزیستان
گیاه شناسی
اقلیم
انجمن
تنوع
جنگل
بومی
حشرات
پستانداران
خزه

طبیعت
ابرها
حفظ
با ارزش
ترمیم
پناه
احترام
بقا
پرندگان

84 - Edifici

ع	ع	ر	آ	ک	ا	ر	خ	ا	ن	ه	ت	س	د
ع	ف	ژ	پ	ک	ن	ق	ت	ن	ض	ئ	پ	ف	ا
ژ	ج	ح	ا	آ	ا	ج	ر	ب	ا	ب	آ	ا	ن
ط	ئ	ب	ر	ج	ژ	ب	ف	ا	ف	ی	ق	ر	ش
گ	ح	ص	ت	ل	آ	ج	ی	ر	خ	م	ث	ت	گ
ح	خ	ل	م	و	ز	ه	خ	ن	م	ا	ی	ش	ا
ض	ط	ط	ا	س	ی	ن	م	ا	آ	ر	ک	ظ	ه
ل	ف	ض	ن	ن	و	ن	ح	م	و	س	ژ	خ	گ
س	و	پ	ر	م	ا	ر	ک	ت	ه	ت	ق	ک	ق
ت	ف	چ	ا	د	ر	و	ز	ج	ت	ا	ل	ب	ع
ر	ص	د	خ	ا	ن	ه	ا	ش	ل	ن	ع	ی	م
و	ژ	ض	آ	ز	م	ا	ی	ش	گ	ا	ه	ا	ش
خ	و	ا	ب	گ	ا	ه	ي	ز	س	ا	ث	ف	ذ
ل	م	د	ر	س	ه	چ	ف	ج	ف	ز	ه	ج	چ

سفارت
آپارتمان
کابین
قلعه
سینما
کارخانه
انبار
هتل
آزمایشگاه
موزه

بیمارستان
رصدخانه
خوابگاه
مدرسه
ورزشگاه
سوپرمارکت
نمایش
چادر
برج
دانشگاه

85 - Paesi #2

ی	ا	گ	چ	م	د	ج	ا	م	ا	ئ	ی	ک	ا
ض	پ	م	ر	ح	ش	ف	ب	ر	و	س	ی	ه	چ
ب	ر	ا	ن	د	و	ن	ز	ی	ک	س	ح	ا	و
ف	ژ	م	ک	ل	ا	و	س	و	ر	ی	ه	ئ	ث
د	ش	ض	ق	س	د	و	ج	ن	ا	ع	ا	ی	ر
آ	ص	ع	ر	ف	ت	ع	ي	ی	ی	ئ	و	ت	ک
ل	ی	ب	ر	ی	ا	ا	ع	ج	ن	گ	گ	ی	ک
ب	ي	و	ذ	ئ	ی	ی	ن	ر	م	ر	ا	ظ	د
ا	ف	خ	ن	ت	ر	ث	ع	ی	ک	س	ن	ز	ا
ن	چ	ل	چ	ا	ل	گ	ص	ه	ز	و	د	ي	ن
ی	ص	ذ	آ	آ	ن	ن	م	ج	ی	د	ا	د	م
ز	ق	گ	ر	ژ	د	ص	پ	ي	ک	ا	ج	ع	ا
ژ	ا	پ	ن	ع	ط	آ	خ	ا	ل	ن	ج	و	ر
ا	ت	ی	و	پ	ی	ژ	چ	ر	ل	س	غ	ب	ک

آلبانی
دانمارک
اتیوپی
جامائیکا
ژاپن
یونان
هائیتی
اندونزی
ایرلند
لاوس

لیبریا
مکزیک
نپال
نیجریه
پاکستان
روسیه
سوریه
سودان
اوکراین
اوگاندا

86 - Tipi di Capelli

ف	پ	ئ	ف	ظ	ص	و	گ	ب	ف	ذ	ي	ى	ا
ئ	ط	د	ب	ر	ا	و	ن	و	ا	ر	ه	ا	ن
د	ز	ض	ل	ن	ف	ک	ر	ر	و	و	ا	ر	خ
خ	ب	ي	ن	گ	چ	ر	م	ش	ا	ص	م	د	ي
ن	ت	خ	د	ى	چ	د	ى	ف	ط	ص	ا	پ	ح
ج	ف	ل	ف	ط	خ	ش	ک	س	ط	ئ	ص	ل	ج
ز	ئ	ذ	خ	ا	ک	س	ت	ر	ى	ن	ق	ر	ه
و	ک	گ	ج	س	و	ف	ص	ا	ئ	ا	ط	ئ	د
ب	ا	ف	ت	ه	ت	ى	ح	ت	ى	ز	ه	ط	ج
ض	خ	ى	م	ص	ا	د	ک	ض	ت	ک	س	ف	ى
چ	ع	ب	ض	ئ	ه	ض	م	ف	ل	ظ	ا	ق	ص
ب	ل	آ	ل	ر	س	گ	م	ب	ژ	ک	ل	پ	ي
چ	ف	م	ث	ژ	ظ	ر	ئ	ز	ذ	ى	م	ض	ح
ز	م	ذ	ط	ح	ج	س	ط	ج	ج	چ	گ	ظ	ب

نقره
خشک
سفید
بور
کوتاه
طاس
رنگی
خاکستری
بافته
صاف

بلند
براون
نرم
سیاه
فرفری
فر
سالم
نازک
ضخیم
نوارها

87 - Vestiti

ژ	آ	ن	س	چ	د	ي	د	آ	ث	ک	ص	گ	ئ
ا	ط	پ	ی	ر	ا	ه	ن	ا	ش	ف	ن	ر	ف
ک	م	د	ل	ن	ب	ع	و	ط	م	ش	د	د	ط
ت	ت	س	ا	ت	و	ل	پ	ی	ذ	ن	ل	ن	ن
ل	ز	ت	ک	خ	ث	ب	و	س	ئ	و	و	ب	غ
ب	ج	ک	ل	ا	ه	ا	ی	ز	ز	ل	ق	ن	پ
ا	ظ	ش	چ	ت	ز	س	ج	و	ر	ا	ب	د	غ
س	ث	ل	ش	ل	و	ا	ر	ج	ی	ن	ص	ل	و
خ	ظ	و	ظ	ا	آ	و	ي	ص	ح	ن	ق	ت	خ
و	ج	ا	ژ	ح	ف	ث	ز	چ	ع	ق	غ	ذ	ژ
ا	ا	ر	ر	و	س	ر	ی	ج	گ	ظ	س	خ	ل
ب	ش	ل	گ	ل	ل	ی	ت	غ	ح	ض	ث	و	ک
ث	ض	ب	ز	ب	ظ	چ	ج	ج	ب	ز	ض	د	ذ
ط	ت	د	س	ت	ب	ن	د	ک	م	ر	ب	ن	د

لباس
دستبند
جوراب
بلوز
پیراهن
کلاه
کت
کمربند
گردنبند
دامن

صحن
دستکش
شلوار جین
ژاکت
مد
شلوار
لباس خواب
صندل
کفش
روسری

88 - Attività e Tempo Libero

ص	م	پ	ق	ظ	ذ	آ	ط	ت	ض	ب	ف	و	ص
خ	ئ	ث	ز	ح	ي	ع	گ	خ	ئ	م	ک	ف	خ
ب	و	ک	س	ر	ئ	ص	س	ئ	ن	چ	ف	ب	گ
ا	ی	ص	ل	ذ	ط	ذ	و	ف	غ	ب	ر	ی	ا
م	خ	س	ق	ش	و	ج	ا	و	د	و	آ	ث	ا
ا	ز	پ	ب	ن	ر	پ	ل	ت	ج	ج	ا	ف	ت
ه	ر	ی	ک	ا	گ	ق	ی	ب	ی	ت	ن	ص	ن
ی	ز	ا	م	ک	ل	س	ب	ا	غ	ب	ا	ن	ی
گ	ذ	د	پ	ر	ر	ر	ا	ل	ذ	ق	ص	ض	س
ی	س	ه	ی	د	ص	گ	ل	ف	ن	ق	ا	ش	ی
ر	ف	ر	ن	ن	آ	ر	ا	م	ش	ب	خ	ش	غ
ی	ر	و	گ	ر	ع	م	و	ج	س	و	ا	ر	ی
ص	ض	ی	ع	ي	ث	ی	ب	س	ک	ت	ب	ا	ل
ژ	ن	ط	چ	ی	گ	ظ	ز	ی	ا	د	ط	ل	ن

هنر
بیسبال
بسکتبال
بوکس
فوتبال
کمپینگ
پیاده روی
باغبانی
گلف
سرگرمی

غواصی
شنا کردن
والیبال
ماهیگیری
نقاشی
آرامش بخش
موج سواری
تنیس
سفر

89 - Tecnologia

م	ئ	ف	ط	م	ذ	ن	م	ک	آ	ط	ا	آ	گ
ج	ذ	د	ر	ر	ح	ص	ک	ا	پ	م	ي	ک	س
ا	د	ط	ا	و	ر	ص	ا	م	ز	ژ	ا	و	ث
ز	ی	د	و	ر	ب	ی	ن	پ	ط	آ	و	ر	آ
ی	ج	ن	ا	گ	ا	ح	ن	ی	ث	ظ	آ	ه	ی
ئ	ی	ا	ت	ر	ی	ت	م	و	س	ع	گ	ف	ش
پ	ت	م	آ	ر	ت	ج	ا	ت	و	ب	ل	ا	گ
ی	ا	ن	ص	گ	ن	ز	آ	ر	ی	د	ت	ی	غ
ا	ل	ی	ث	غ	پ	ت	ئ	ق	ر	ج	ز	ل	ف
م	ر	ت	ق	ط	چ	غ	ع	د	و	ث	ي	س	ئ
ن	ر	م	ا	ف	ز	ا	ر	ا	س	خ	م	ژ	پ
ش	ی	ف	ف	د	ث	ا	ث	د	ض	غ	ش	ت	ط
غ	غ	ل	س	ل	ج	ئ	ح	ه	چ	ن	د	ت	ش
ص	ص	ف	ح	ه	ن	م	ا	ی	ش	ر	ک	ئ	آ

وبلاگ
مرورگر
بایت
کامپیوتر
مکان نما
داده
دیجیتال
فایل
اینترنت

پیام
پژوهش
صفحه نمایش
امنیت
نرم افزار
آمار
دوربین
مجازی
ویروس

90 - Arte

گ	ل	پ	ئ	ئ	س	ا	د	ه	ط	ط	گ	ح	ح
ص	و	ق	ن	س	گ	ی	ذ	ق	ز	ا	ص	ل	ی
ق	ا	ق	غ	و	ن	ج	م	ز	ر	ئ	ا	س	ق
ط	ض	د	ش	ر	و	ا	ج	گ	ش	ک	ل	س	ظ
د	ظ	غ	ق	ر	ي	د	س	ت	ع	غ	ه	ر	ز
ذ	ش	ث	د	ئ	ق	ث	م	ک	ر	ع	ا	ا	ت
ن	غ	ز	ئ	ا	ي	ض	ه	خ	س	ح	م	م	ر
ط	ر	ز	ص	ل	ف	چ	س	آ	ک	ق	گ	ی	ک
ح	ف	ب	ح	ی	آ	ن	ا	ث	ي	ظ	ر	ک	ی
ي	گ	ل	چ	س	ن	چ	ز	ت	د	ب	ف	گ	ب
ح	ا	ل	ت	م	ا	م	ی	آ	ب	ر	ت	ي	ص
ط	ب	ح	ش	خ	ص	ی	ا	م	ظ	ی	ه	ف	ر
ل	ذ	خ	پ	پ	ی	چ	ی	د	ه	م	ا	ث	ی
ک	ت	و	م	و	ض	و	ع	ب	ض	م	چ	ن	ث

شخصی
شعر
مجسمه سازی
ساده
نماد
موضوع
سوررئالیسم
حالت
بصری

سرامیک
پیچیده
ترکیب
ایجاد
بیان
شکل
الهام گرفته
صادق
اصلی

91 - Meteo

ئ	آ	ق	ی	خ	ا	ر	ح	آ	ح	ث	ق	ت	ت
ط	گ	ف	ر	ع	د	و	ب	ر	ق	ی	ک	ک	ن
ث	ی	خ	ن	س	ی	م	ا	ت	م	س	ف	ر	د
ي	م	ذ	گ	ک	ج	ط	س	ي	گ	ا	س	ض	ر
ا	ق	ل	ی	م	غ	ا	ق	غ	ر	ی	ب	ر	ص
ح	ث	ی	ن	د	ع	غ	ط	ک	م	ت	ژ	ر	ل
و	خ	ش	ک	م	ر	ي	ب	ح	س	آ	ف	ق	ن
ث	ت	ظ	م	خ	ر	ج	ی	ذ	ی	ر	ب	ا	د
ع	پ	ق	ا	ش	ق	ط	ه	ح	ر	ا	ق	ت	گ
چ	ا	ک	ن	ت	ذ	و	و	ح	ی	م	ط	ص	ر
آ	س	م	ا	ن	م	ف	ض	ب	ر	ا	ت	ح	د
ع	م	ط	ل	ع	ظ	ا	غ	ي	ئ	ا	غ	و	ب
ژ	ه	ط	ق	آ	ر	ن	غ	ز	غ	ش	ر	ح	ا
ط	ف	خ	ش	ک	س	ا	ل	ی	ف	ف	ر	ت	د

ابر
قطبی
خشکسالی
درجه حرارت
طوفان
گردباد
گرمسیری
تندر
مرطوب
باد

رنگین کمان
خشک
اتمسفر
نسیم
آرام
آسمان
اقلیم
رعد و برق
یخ
مه

92 - Corpo Umano

چ	ع	ب	ژ	د	ل	ت	ش	ر	ز	ز	ح	گ	ف
ي	چ	ی	ب	س	ه	ش	م	چ	پ	ا	ث	ل	ی
پ	ش	ن	ا	ت	ب	ا	ص	ش	ا	ن	ن	خ	س
و	ن	ی	د	س	ر	آ	ن	م	ل	گ	و	و	ر
س	ق	گ	آ	ا	م	آ	گ	ک	ز	ش	آ	ن	ل
ت	ل	ل	د	ع	غ	ط	ص	و	ر	ت	ر	ی	ل
غ	ب	ي	ی	گ	ز	ق	ر	گ	ر	ج	ن	ف	ک
ل	خ	ز	ط	ر	و	ب	ح	ظ	ئ	پ	ج	ژ	ق
ش	ژ	م	ش	د	ن	ش	ا	ئ	ف	خ	و	گ	س
ن	ط	ب	م	ن	چ	ا	ن	ه	چ	ر	ظ	م	خ
ش	ا	ن	ه	م	خ	چ	ج	ش	خ	ح	ش	س	ش
ک	ب	م	ذ	ع	ي	ف	چ	ئ	ا	م	ب	ش	س
ج	ح	س	م	د	ث	ف	و	ژ	ز	ق	خ	ح	چ
ع	ش	ث	ش	ه	گ	پ	خ	ا	ر	ض	ی	ج	ظ

دهان
مچ پا
مغز
گردن
قلب
انگشت
صورت
پا
زانو
آرنج

دست
چانه
بینی
چشم
گوش
پوست
خون
شانه
معده
سر

93 - Mammiferi

گ	ر	گ	ز	خ	پ	ن	س	ک	س	ي	م	ذ	ی
ا	ر	ا	خ	ر	ت	د	م	ا	س	ب	ی	ي	ي
و	ق	ب	خ	گ	ا	ل	ص	ن	م	ن	م	ت	ک
ن	ا	آ	ه	و	ح	ف	ا	گ	د	ک	و	ژ	ا
ر	ا	ف	ي	ش	ت	ی	ه	و	ی	پ	ن	م	ی
ش	ن	ن	ن	ن	چ	ن	ص	ر	ف	پ	ئ	ز	و
ق	ژ	ب	ص	ه	ز	ص	گ	و	ر	خ	ر	ئ	ت
ا	ث	ک	ا	ع	ن	ل	ت	ئ	ت	د	چ	ج	ک
چ	و	ژ	ف	ر	ذ	گ	و	ر	ی	ل	ت	ص	ز
ض	پ	ژ	م	پ	ش	ب	خ	غ	و	ج	ا	ل	ی
ا	ت	و	ت	ل	د	ط	ي	ی	ش	خ	ج	ف	خ
چ	ف	ب	ف	ض	م	ب	غ	ت	ژ	ی	ش	ی	ر
ظ	ض	و	ر	ق	گ	و	س	ف	ن	د	چ	ل	س
گ	ف	ا	ک	س	ف	ل	ح	د	ض	ض	ظ	ب	گ

نهنگ
سگ
کانگورو
اسب
آهو
خرگوش
کایوت
دلفین
فیل
گربه
زرافه
گوریل
شیر
گرگ
خرس
گوسفند
میمون
گاو نر
فاکس
گورخر

94 - Arrampicata

ا	ث	ی	ز	غ	ت	ت	ض	گ	م	ئ	چ	ج	ن
ت	ب	گ	ک	ي	ا	س	ت	ح	ک	ا	م	ض	ج
ت	ا	آ	س	د	ر	ر	ا	ه	ن	م	ا	ه	ا
ش	ت	خ	پ	ب	ت	ف	و	ت	ش	ش	ف	ز	ي
ژ	ي	غ	ی	د	ف	چ	ث	پ	م	ژ	د	ک	ذ
ز	ن	ص	ا	ئ	ا	ح	س	ص	م	س	غ	د	ج
چ	ج	غ	د	ظ	ع	خ	ت	پ	آ	ش	ف	ئ	ر
ذ	س	م	ه	ح	ط	ا	ئ	ص	پ	ن	ی	ر	ط
ل	د	ا	ر	ی	ظ	پ	ن	ق	ش	ه	م	ظ	ث
غ	ز	ن	و	ع	چ	چ	ک	ا	ر	ش	ن	ا	س
چ	م	ا	ی	د	س	ت	ک	ش	آ	م	و	ز	ش
ف	ی	ز	ی	ک	ی	ن	ل	م	ب	ا	ر	ی	ک
ک	ن	ج	ک	ا	و	ی	ا	ا	ه	ذ	آ	و	ظ
ی	ج	ع	ج	ث	و	س	ه	س	ی	ک	س	ح	چ

ارتفاع
اتمسفر
کلاه
کنجکاوی
پیاده روی
کارشناس
فیزیکی
آموزش
استحکام
غار
دستکش
راهنماها
نقشه
ثبات
چکمه
باریک
زمین

95 - Animali Domestici

ت	چ	م	ظ	غ	خ	ن	پ	ژ	آ	ذ	ط	ض	ن
ط	و	ط	ی	ع	ر	پ	چ	ی	چ	ب	ز	ع	گ
ب	ی	ل	ق	و	گ	ر	ب	ه	ج	ص	ی	ظ	پ
چ	م	ک	ه	ق	و	ت	ظ	گ	ن	ق	خ	ش	ژ
ه	ا	س	م	س	ش	آ	ل	د	م	ا	و	س	د
گ	ر	ض	س	ا	گ	ئ	ط	ا	ش	غ	م	چ	م
ر	م	ض	ت	گ	ا	ژ	ق	م	ک	خ	چ	ذ	ی
ب	و	ئ	ر	ذ	و	ز	ل	پ	ف	پ	ن	س	ل
ه	ل	ح	ح	ض	ق	و	ض	ز	س	ن	ش	گ	ذ
ي	ک	ظ	ت	م	م	پ	ض	ش	ع	ج	ض	ت	چ
ژ	ص	ئ	غ	خ	ی	ص	ش	ک	گ	ه	ض	ژ	د
پ	آ	غ	ي	ا	ث	غ	ط	ل	ذ	ا	ب	ذ	ي
ذ	ز	م	ا	ه	ی	ذ	خ	د	ئ	ع	ج	ذ	ک
ل	چ	م	پ	ل	آ	ا	ع	ي	ز	ز	آ	ز	غ

اب
سگ
بز
غذا
دم
يقه
خرگوش
همستر
توله سگ
بچه گربه
گربه
مارمولک
گاو
طوطی
ماهی
لاک پشت
ماوس
دامپزشک
پنجه

96 - Cucina

آ	ک	گ	ر	ی	ل	د	چ	ب	ث	ض	خ	ي	ث
ج	ض	و	ی	پ	ئ	ذ	پ	ش	و	ت	ژ	م	ل
خ	پ	ف	ز	ي	و	خ	س	ل	ب	و	ع	ض	ز
ب	و	ف	ر	ه	م	د	ت	ض	ف	ش	ب	ل	م
ق	ظ	ر	ض	ج	ل	ف	ی	ص	ح	ن	م	ف	چ
س	ن	ی	خ	چ	ا	ل	ک	ط	ل	ا	س	س	ق
ق	چ	ز	گ	ش	ق	ط	ک	م	ص	ژ	ظ	گ	ج
ذ	د	ر	ظ	ی	ه	و	س	ا	ث	ذ	ظ	ث	ج
چ	ص	س	غ	ش	ک	ق	ب	د	ا	و	م	ح	ا
د	ص	م	ل	ه	چ	ا	ق	و	ر	غ	خ	ک	ر
ث	ا	ئ	ع	گ	ن	ش	س	ی	ک	ص	غ	و	ا
ح	گ	ل	ن	ا	گ	ق	آ	ه	ت	د	ع	ی	ر
ظ	د	س	ت	م	ا	ل	س	ف	ر	ه	ذ	ج	ت
ا	س	ف	ن	ج	ل	ت	آ	چ	ی	م	غ	ذ	ا

چیپستیککس
کتری
کوزه
غذا
کاسه
چاقو
فریزر
قاشق
چنگال

فر
یخچال
صحن
گریل
ملاقه
ادویه
اسفنج
دستمال سفره
شیشه

97 - Vacanze #2

ص	گ	س	ف	ر	ف	ر	و	د	گ	ا	ه	خ	و
س	ذ	چ	ی	ق	ب	س	ت	ع	ط	ی	ل	ا	ت
ا	ر	ذ	چ	ر	آ	ت	ص	ع	ب	د	د	ر	ض
ح	ن	ح	ح	م	ل	و	ن	ق	ل	آ	ز	ج	ظ
ل	ا	ف	ر	ی	خ	ر	ا	ط	خ	ص	ط	ی	پ
ن	م	ج	ب	ذ	ف	ا	چ	ا	ج	ژ	ص	ز	ش
ي	ه	ت	ز	ت	آ	ن	ظ	ر	ی	ش	ث	ل	ا
ث	آ	ق	آ	ی	م	ق	ص	د	ف	د	ط	ت	ف
ع	ک	س	و	ق	ر	ش	ک	ع	ر	ط	ر	ا	چ
ج	م	ل	ی	پ	ط	ه	ع	ت	ا	ک	س	ی	چ
و	پ	ح	ز	ب	ق	پ	ت	ل	غ	و	ذ	ئ	ا
ذ	ی	س	ا	غ	ب	خ	گ	ل	ت	ذ	ن	غ	د
ع	ن	ژ	پ	ط	ج	ب	ک	ق	ض	چ	پ	ز	ر
ش	گ	و	ص	غ	ص	س	ش	ز	ب	س	ی	ل	گ

فرودگاه
کمپینگ
مقصد
عکس
هتل
جزیره
نقشه
دریا
گذرنامه
رستوران

ساحل
خارجی
تاکسی
فراغت
چادر
حمل و نقل
قطار
تعطیلات
سفر
ویزا

98 - Attività

ن	ز	ا	ئ	ط	ش	خ	آ	س	ر	ا	م	ی	ک
ش	ق	ج	ز	و	ب	ي	ک	م	م	ی	ا	گ	ن
ص	ژ	ا	پ	ی	ص	ح	ی	ذ	ظ	آ	ه	ئ	ي
پ	ن	د	ش	ی	ن	س	ک	ژ	ل	ق	ی	ط	ل
ح	ئ	و	گ	ی	ا	ع	ي	ئ	ذ	ا	گ	غ	گ
آ	م	ي	ب	ق	ی	د	و	خ	ت	ج	ی	ض	ش
ش	ئ	آ	ي	م	ع	ي	ه	آ	چ	ض	ر	ح	ر
پ	م	گ	ف	ط	د	ق	ل	ر	ق	ص	ی	ف	س
ق	ي	ر	ي	ن	س	خ	ش	ا	و	س	ا	ر	ش
ه	م	ه	ا	ر	ت	ز	ژ	م	ق	ی	ح	ا	ک
ج	ن	ب	و	س	ی	ش	ع	ش	ت	و	چ	غ	ا
د	ا	ر	خ	و	ا	ن	د	ن	م	ت	ز	ت	ر
ض	ف	ع	ا	ل	ی	ت	ب	ا	غ	ب	ا	ن	ی
گ	ع	ک	ا	س	ی	ک	م	پ	ی	ن	گ	ث	خ

مهارت
هنر
صنایع دستی
فعالیت
شکار
کمپینگ
سرامیک
دوخت
رقص
پیاده روی

عکاسی
باغبانی
منافع
خواندن
جادو
ماهیگیری
لذت
نقاشی
آرامش
فراغت

99 - Forniture Artistiche

ت	ق	خ	م	ط	ح	ا	ف	ل	ا	ض	و	ر	گ
چ	آ	ل	د	و	ر	ب	ی	ن	ی	ل	ض	ح	چ
د	و	ا	ا	ظ	و	ا	ح	ز	ي	آ	ث	ا	س
آ	ب	ق	د	ب	ر	س	ک	ر	ن	گ	ه	ا	ب
ت	ا	ی	د	پ	و	خ	چ	ر	ش	س	آ	و	ح
ج	ل	ت	ش	ا	ق	خ	چ	آ	ی	ب	ر	ن	خ
س	ی	ژ	ح	ک	چ	ل	ش	ذ	م	ل	ض	ر	ع
ف	ه	چ	ح	ک	ی	آ	ج	ظ	ج	ث	ی	ل	ظ
ک	ر	پ	ن	ن	ث	ب	ظ	د	ب	ک	ج	ک	ل
ا	ا	ج	ا	م	م	ر	ش	ظ	و	ب	و	ژ	ن
غ	ز	ح	ح	ی	ص	ن	د	ل	ی	ل	ه	ح	ف
ذ	ف	ذ	ز	ط	ه	گ	د	خ	ا	ک	ر	س	ت
ش	ا	خ	خ	غ	ل	ا	ب	ن	ب	س	ئ	ي	ث
د	ژ	ب	ش	ش	ش	ی	ق	م	د	ئ	ج	ف	ض

آب
آبرنگ
اکریلیک
خاک رس
کاغذ
سه پایه
چسب
رنگها
خلاقیت
پاک کن
جوهر
مداد
نفت
صندلی
برس
جدول
دوربین

100 - Misurazioni

ف	ز	ذ	ش	ش	ک	غ	ب	ژ	ش	م	ث	ش	چ
ط	غ	و	د	خ	ذ	ز	ر	ک	خ	ت	ت	م	ط
ک	ف	پ	ط	ق	ل	ب	ا	ی	ت	ن	م	گ	ی
ا	ع	ش	ا	ر	ی	ک	ی	ل	و	گ	ر	م	آ
ی	ر	س	ی	ع	ت	ق	غ	و	ی	ا	ش	ت	ص
ن	ض	س	ا	د	ر	ج	ه	م	ذ	ب	ط	ر	ک
چ	پ	ث	و	ن	ح	ذ	ت	ت	ط	د	خ	ذ	گ
س	ز	ر	ز	ئ	ت	ف	ز	ر	پ	ت	ر	ژ	ئ
ئ	ط	خ	ن	ا	ف	ی	د	ا	ر	ت	ف	ا	ع
گ	ر	م	ش	و	ع	ی	م	ف	ع	خ	ط	ص	م
ع	ب	ک	پ	ن	ش	ش	ب	ت	ئ	د	و	ا	ق
ظ	آ	ع	ح	س	م	ش	چ	ل	ر	ج	ل	ب	ل
ض	س	ص	م	ا	ذ	آ	ت	ر	و	ر	ج	ن	ج
ل	گ	ص	ظ	پ	ذ	و	چ	ع	د	م	ظ	ي	ث

ارتفاع
بایت
سانتیمتر
کیلوگرم
کیلومتر
اعشاری
درجه
گرم
عرض
لیتر
طول
جرم
متر
دقیقه
اونس
وزن
اینچ
عمق
تن

1 - Scacchi

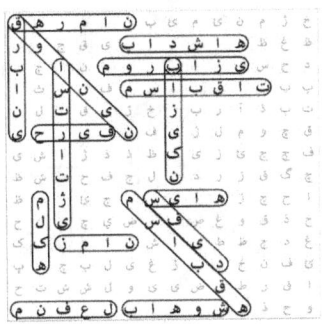

2 - Strumenti

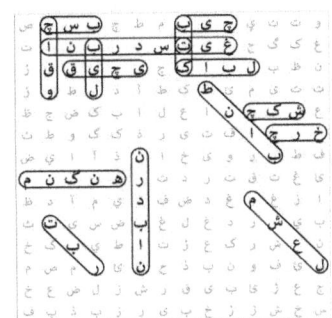

3 - Aggettivi #2

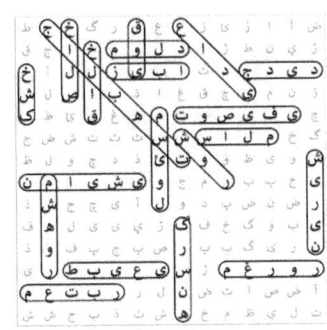

4 - Pesca

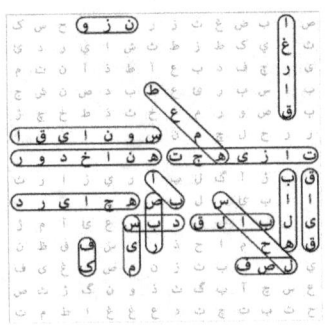

5 - Aggettivi #1

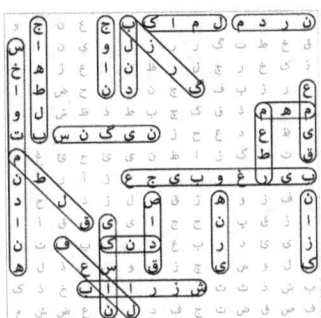

6 - Geologia

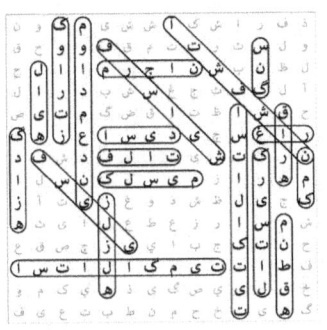

7 - Campeggio

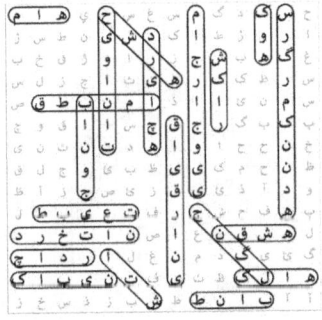

8 - Arti Visive

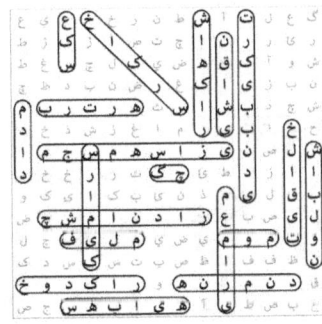

9 - Esplorazione

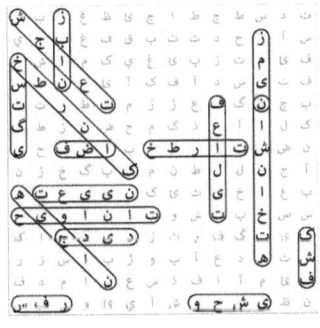

10 - Tempo

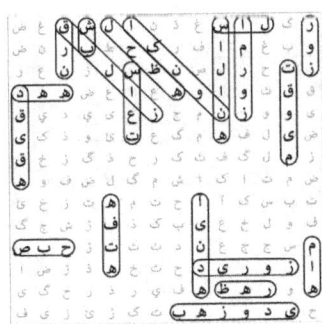

11 - Astronomia

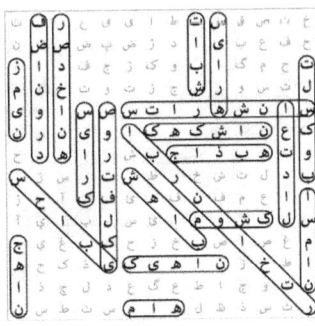

12 - Circo

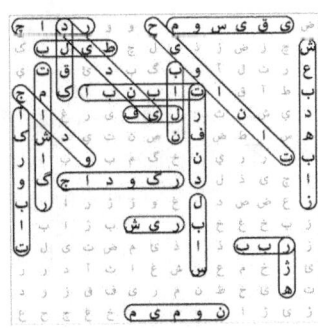

13 - Mitologia

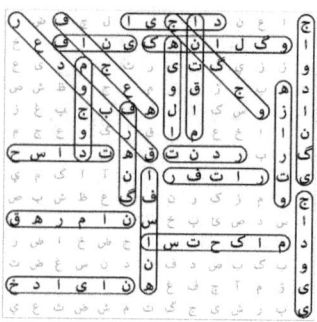

14 - Piante

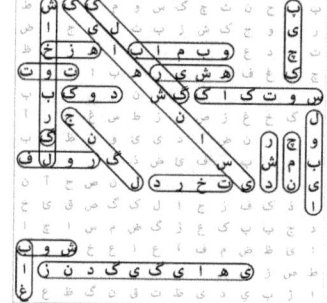

15 - Spezie

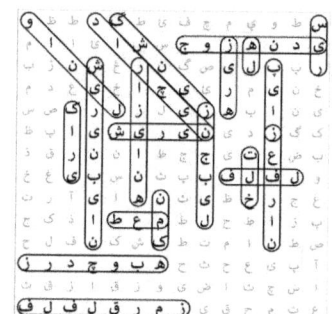

16 - Numeri

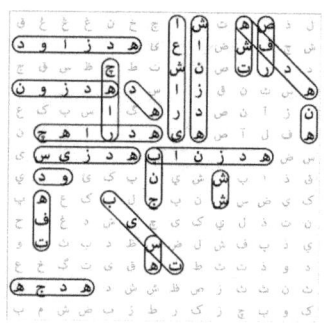

17 - Cioccolato

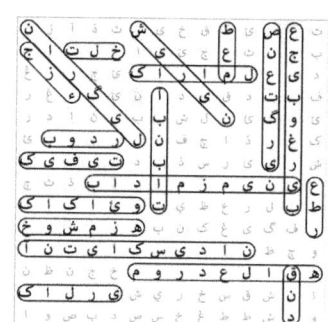

18 - Guida

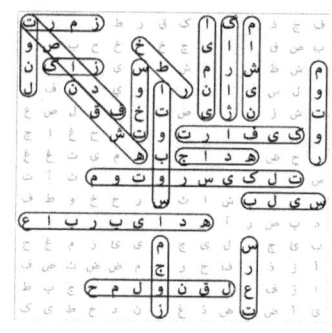

19 - Sport

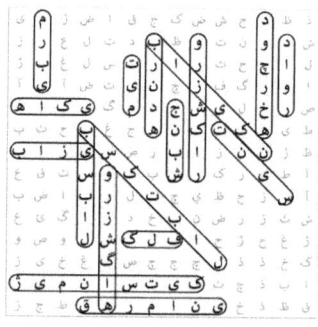

20 - Giocattoli

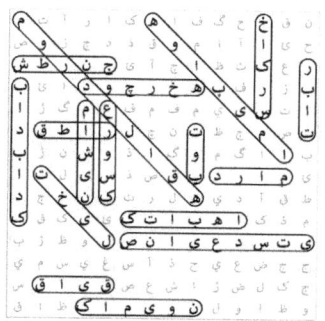

21 - Uccelli

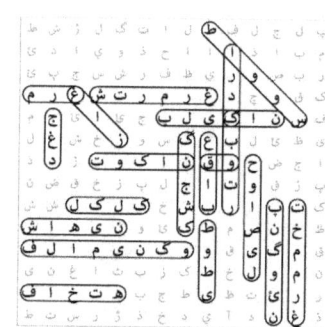

22 - Giorni e Mesi

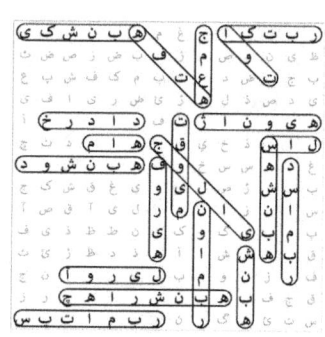

23 - Casa

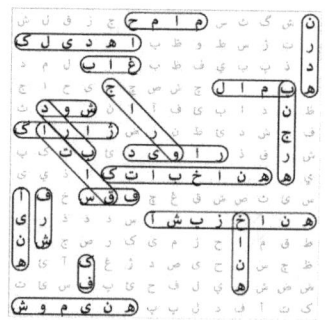

24 - Ristorante #1

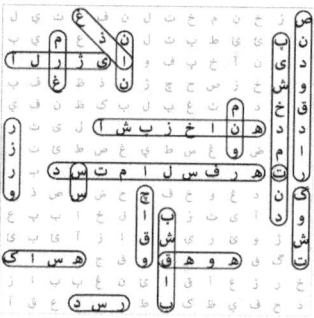

25 - Fantascienza

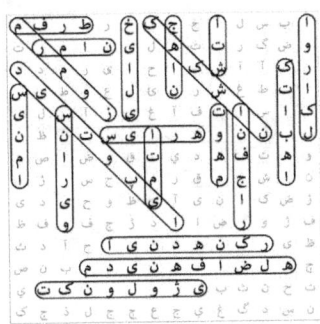

26 - Città

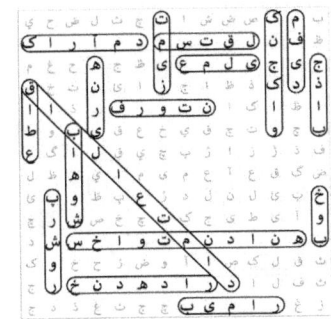

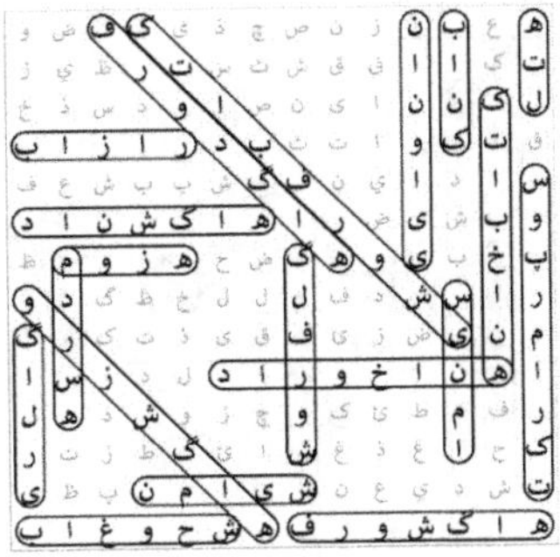

27 - Virtù #1

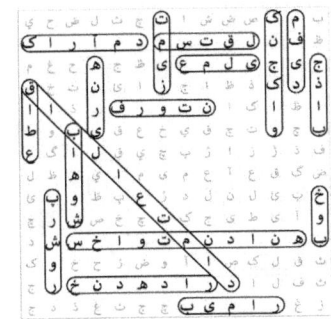

28 - Compleanno

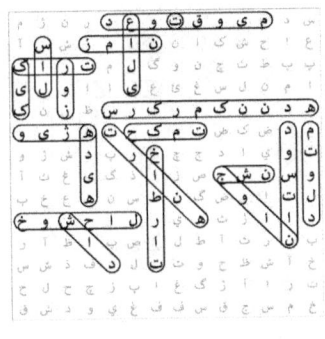

29 - Fattoria #1

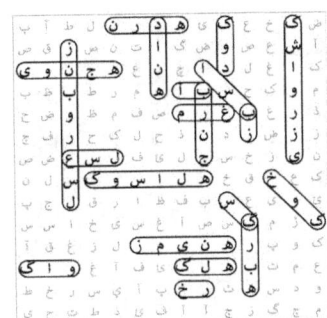

30 - Paesaggi

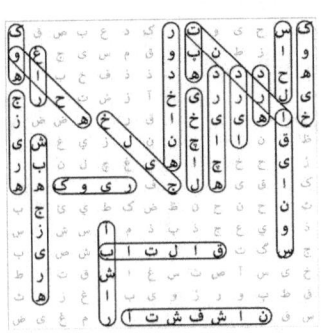

31 - Ristorante #2

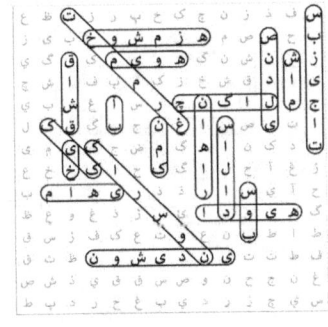

32 - Giardino

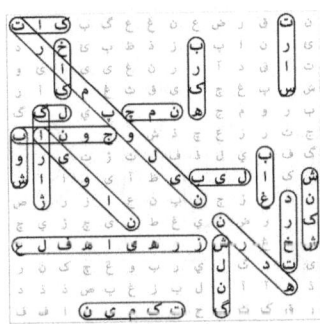

33 - Frutta

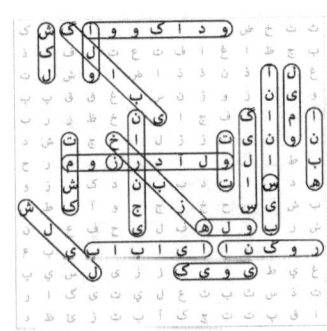

34 - Fattoria #2

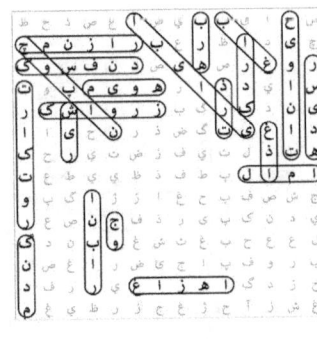

35 - Dinosauri

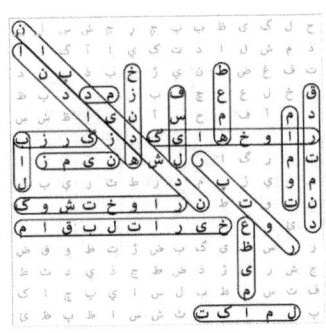

36 - Verdure

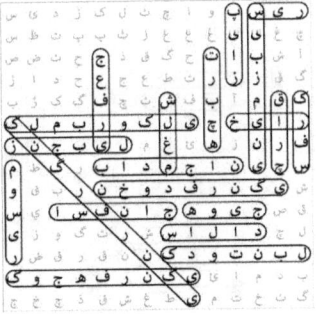

37 - Scuola #2

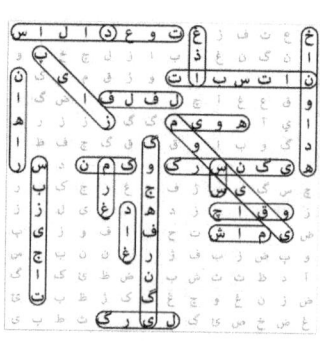

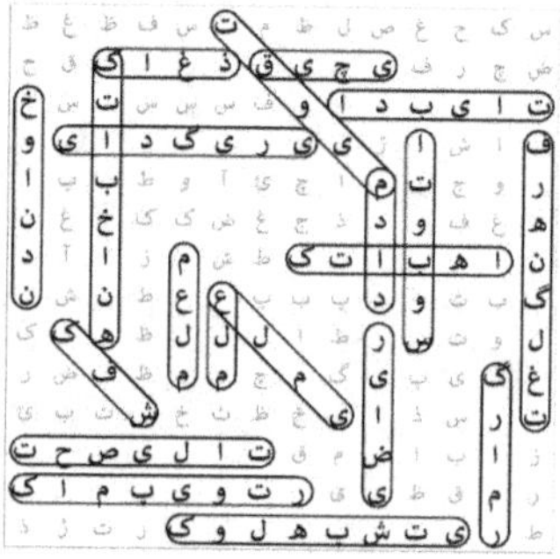

38 - Barbecue

39 - Riempire

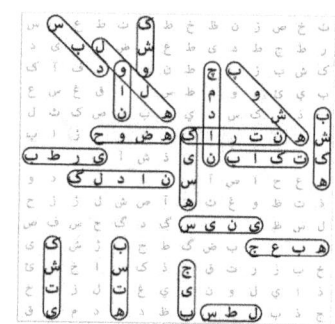

40 - Insetti

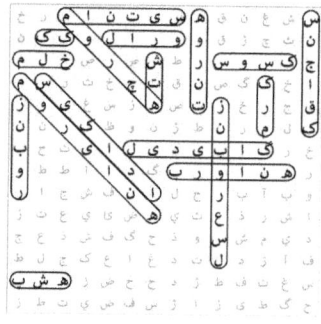

41 - Erboristeria

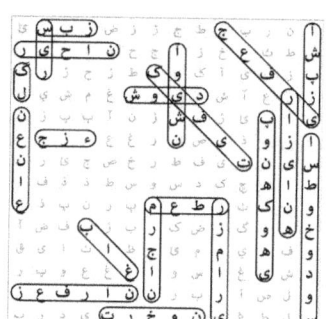

42 - Danza

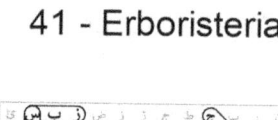

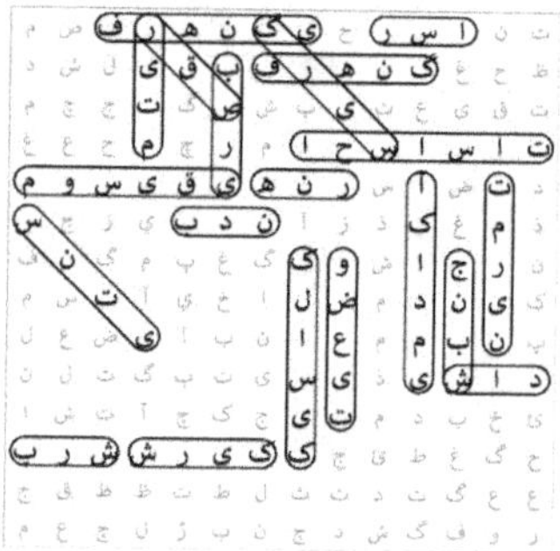

43 - Scuola #1

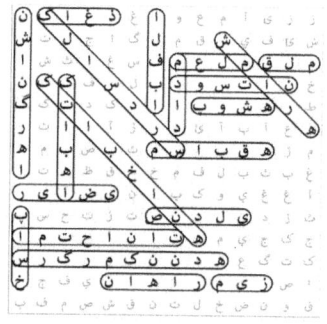

44 - Fiori

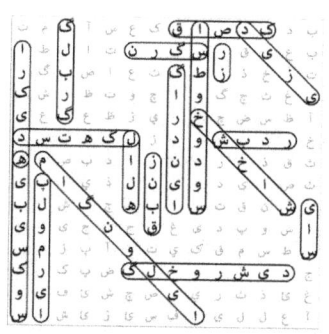

45 - Ecologia

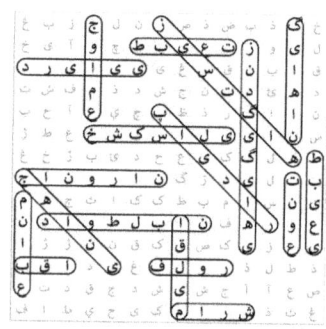

46 - Discipline Scientifiche

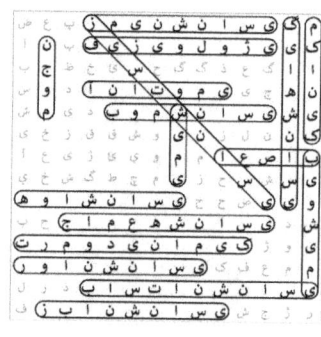

47 - Scienza

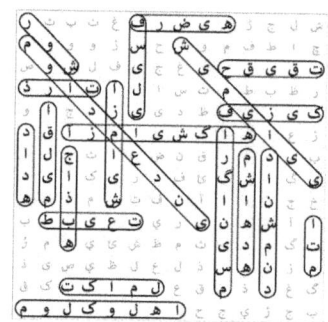

48 - Gatti

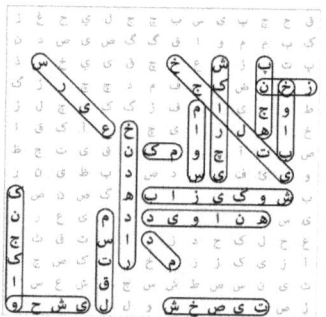

49 - Surf

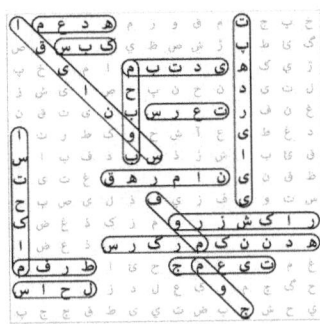

50 - Imbarcazioni

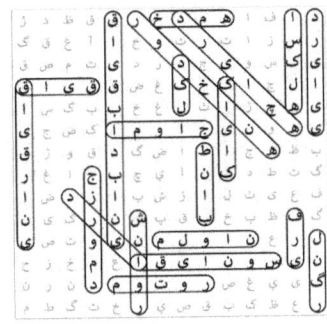

51 - Api

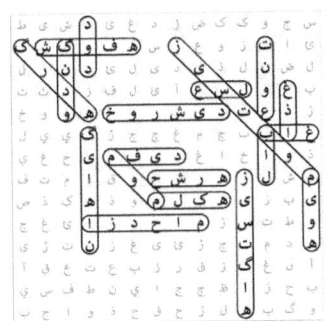

52 - Conservazione

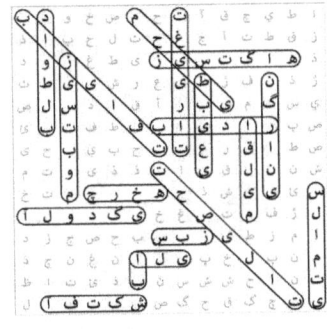

53 - Strumenti Musicali

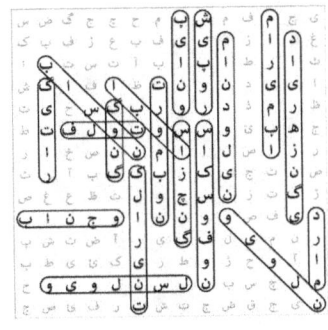

54 - Professioni #2

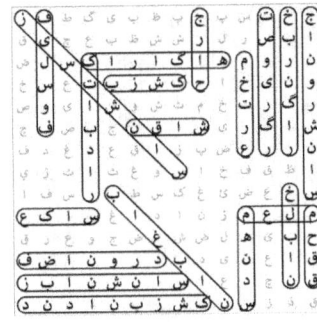

55 - Letteratura

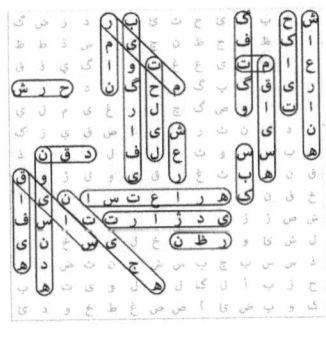

56 - Cibo #2

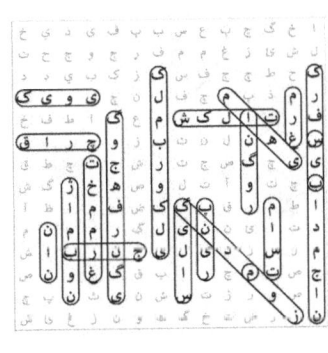

57 - Nutrizione

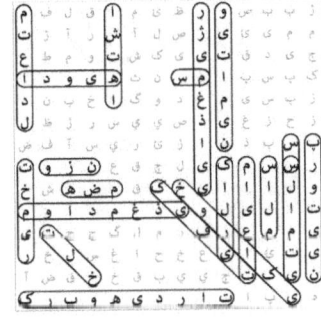

58 - Matematica

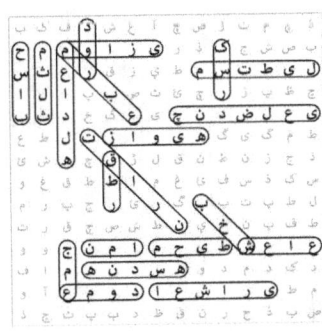

59 - Vacanza #1

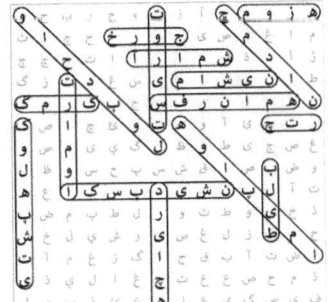

60 - Meditazione

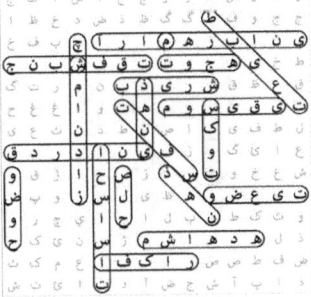

61 - Estate

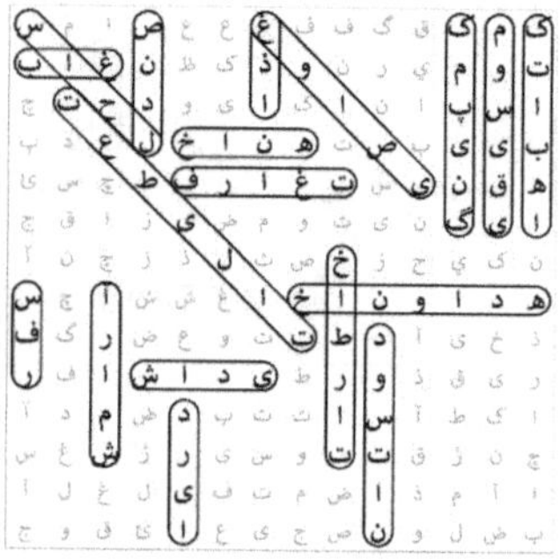

62 - Escursionismo

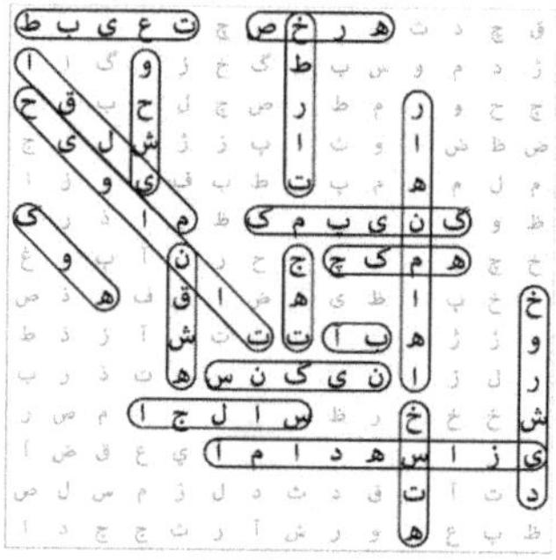

63 - Professioni #1

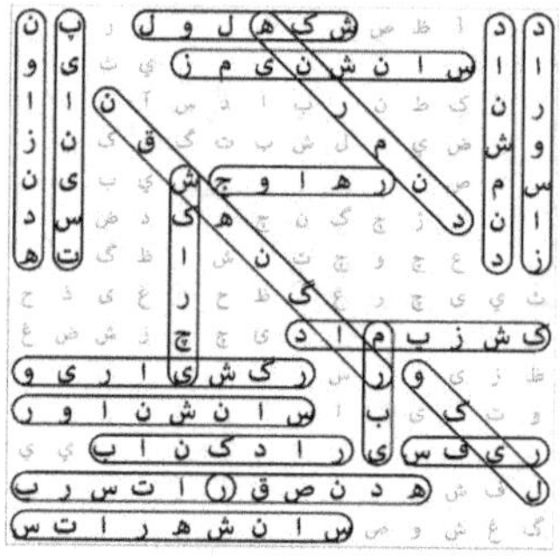

64 - Antartide

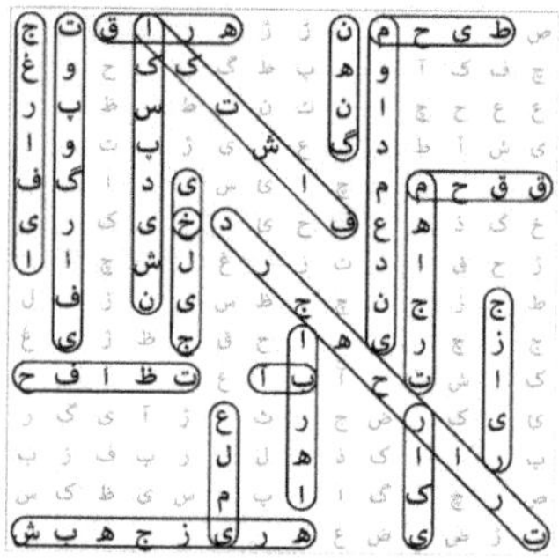

65 - Libri

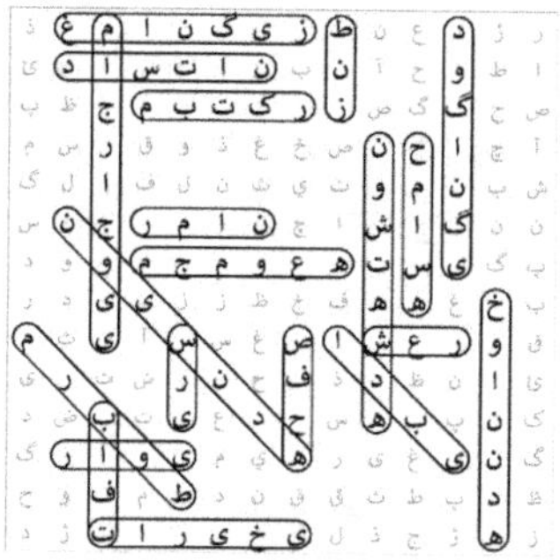

66 - Geografia

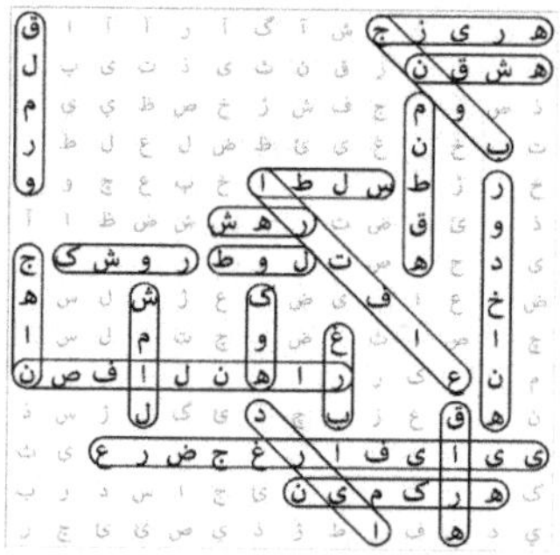

67 - Cibo #1

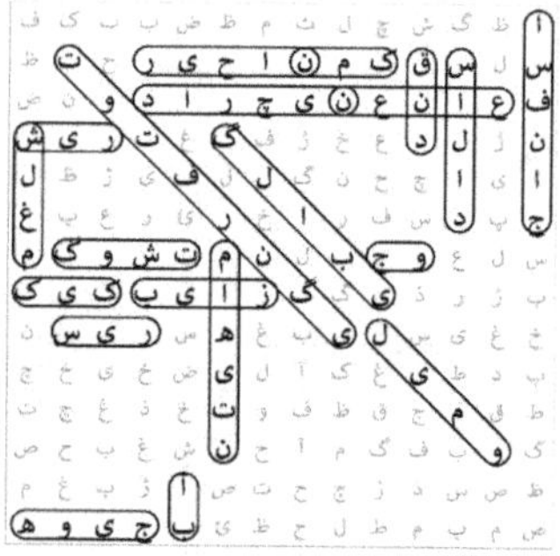

68 - Aeroplani

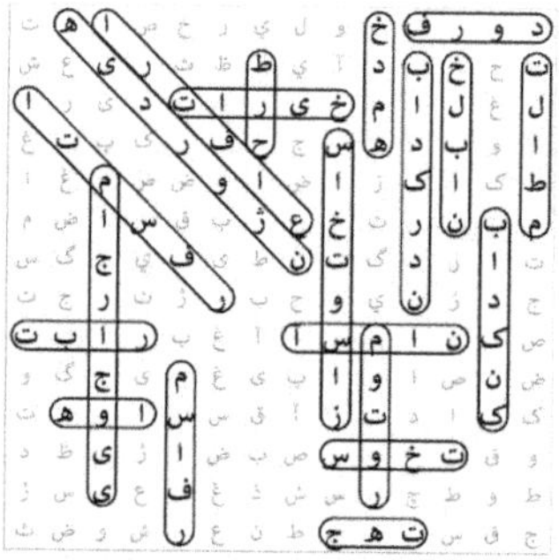

69 - Pirati

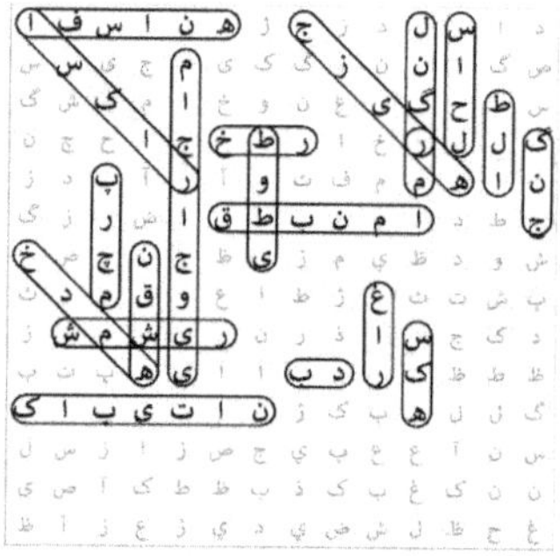

70 - Colori

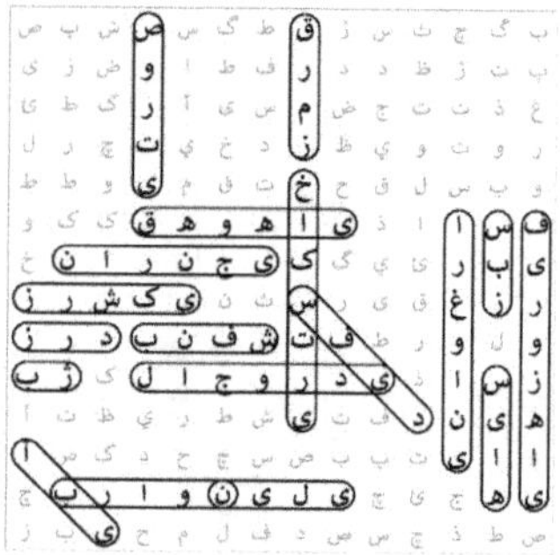

71 - Suoni

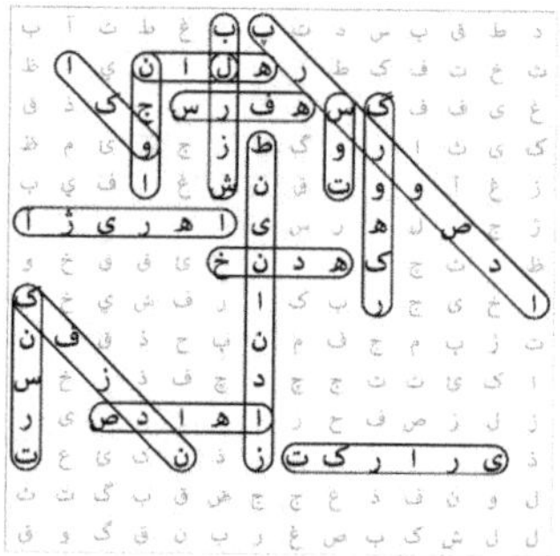

72 - Spiaggia

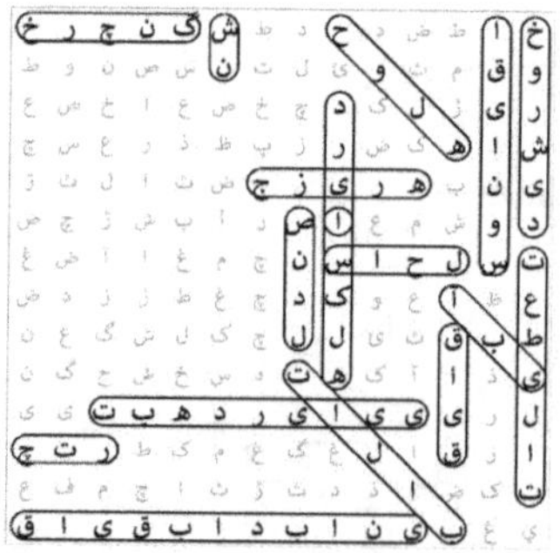

73 - Avventura

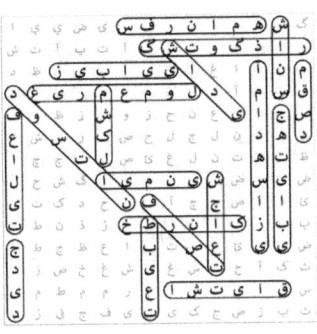

74 - Forme

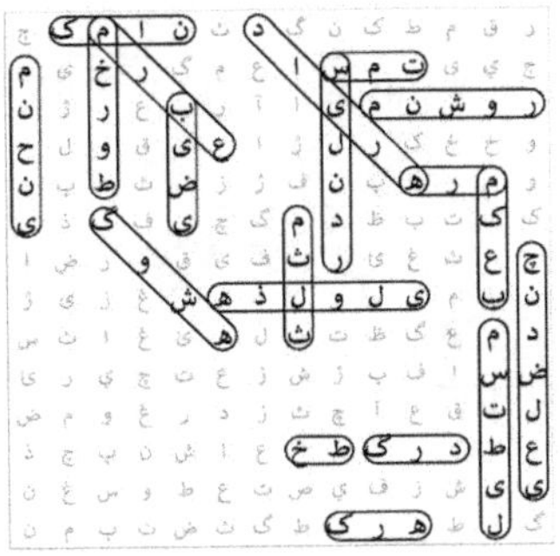

75 - Oceano

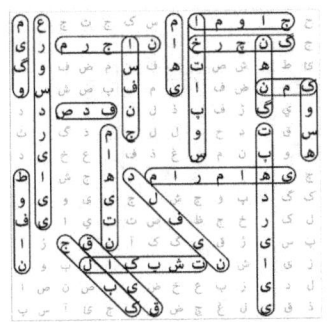

76 - Famiglia

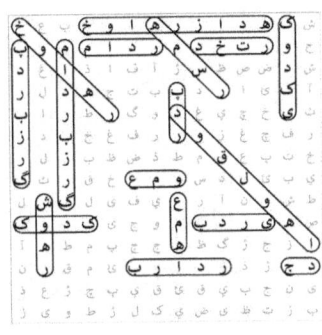

77 - Veicoli

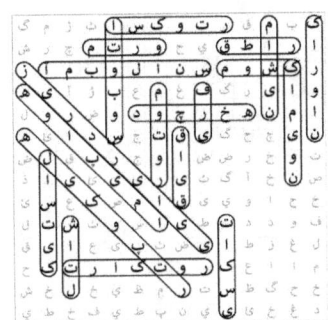

78 - Emozioni

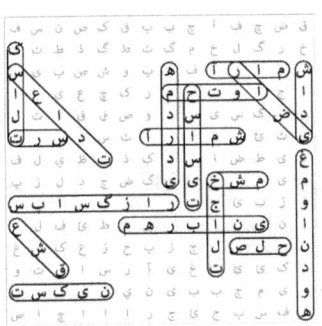

79 - Natura

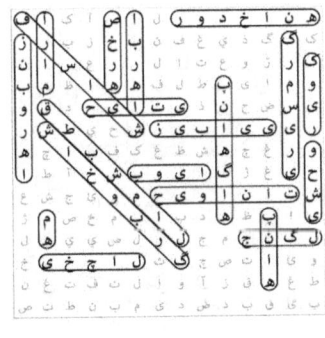

80 - Balletto

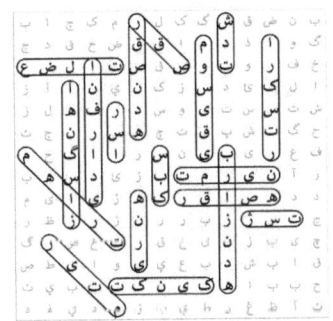

81 - Castelli

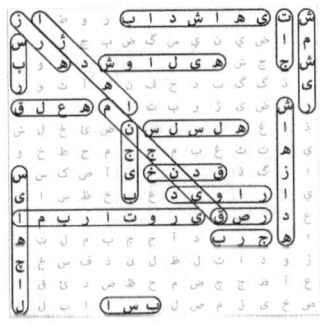

82 - Campionato

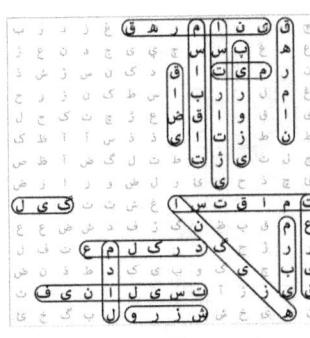

83 - Foresta Pluviale

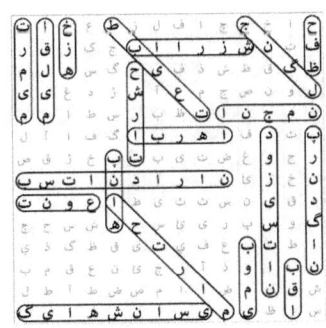

84 - Edifici

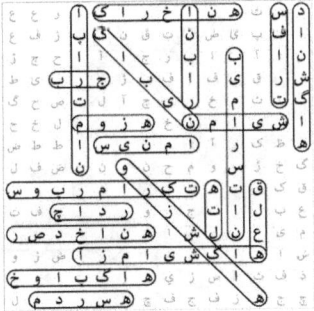

85 - Paesi #2

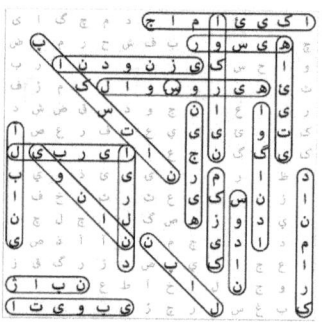

86 - Tipi di Capelli

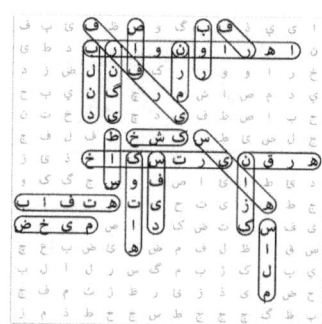

87 - Vestiti

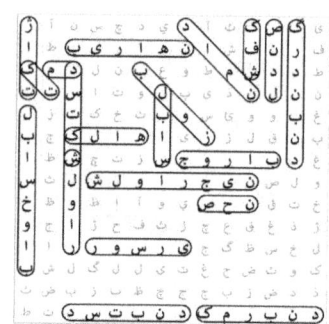

88 - Attività e Tempo Libero

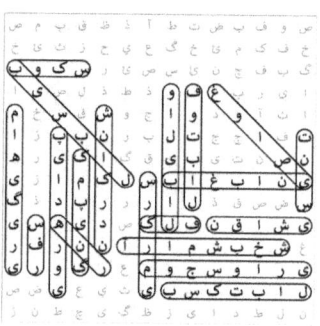

89 - Tecnologia

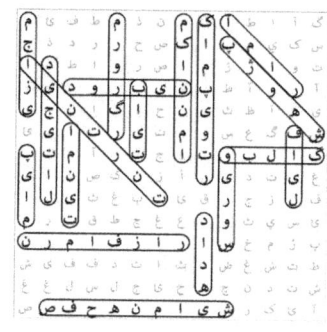

90 - Arte

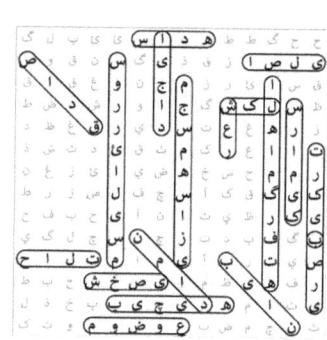

91 - Meteo

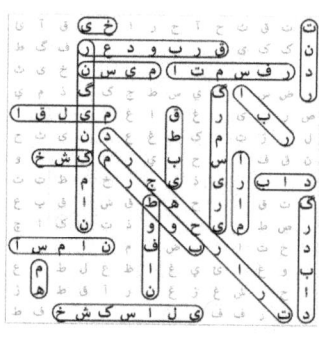

92 - Corpo Umano

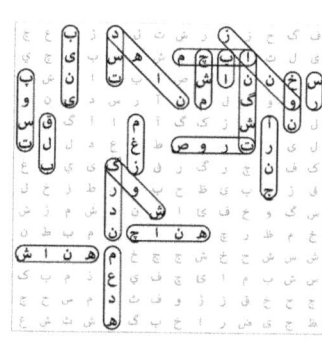

93 - Mammiferi

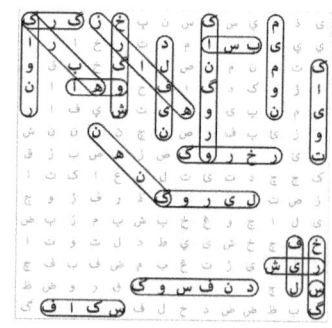

94 - Arrampicata

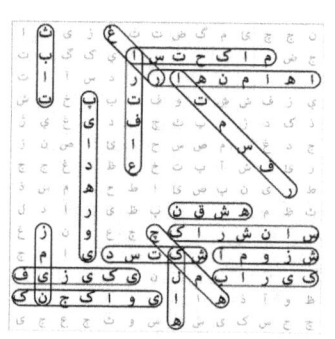

95 - Animali Domestici

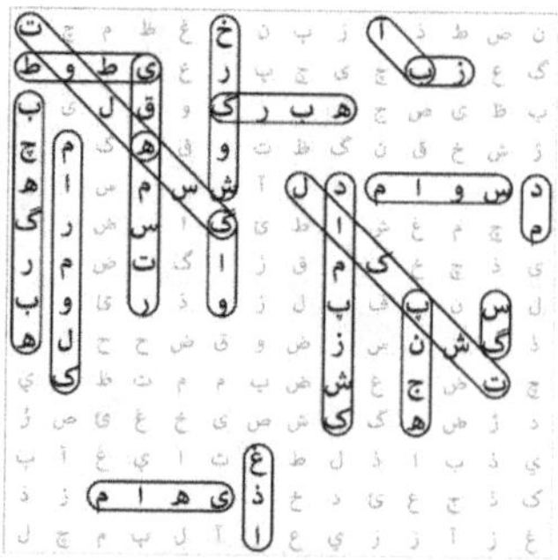

96 - Cucina

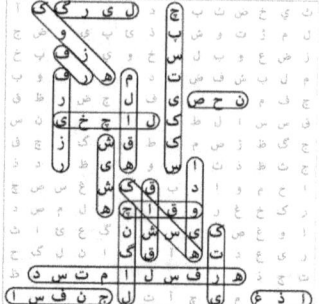

97 - Vacanze #2

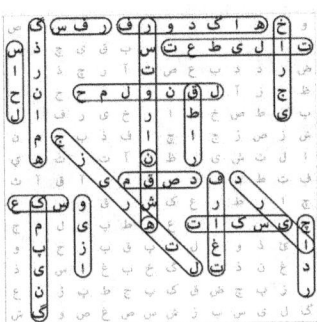

98 - Attività

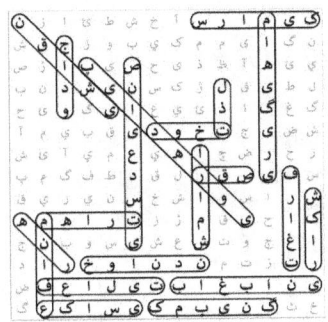

99 - Forniture Artistiche

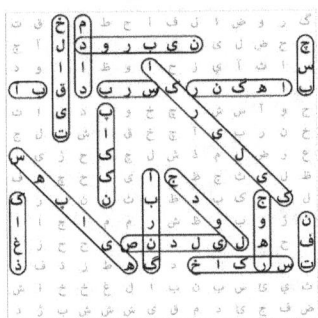

100 - Misurazioni

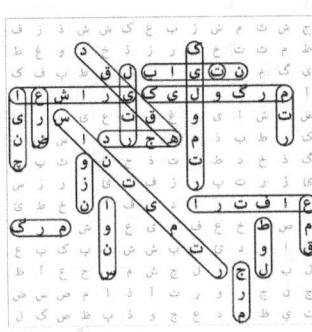

Dizionario

Aeroplani
هواپیماها

Altezza	ارتفاع
Aria	هوا
Atmosfera	اتمسفر
Atterraggio	فرود
Avventura	ماجراجویی
Carburante	سوخت
Cielo	آسمان
Costruzione	ساخت و ساز
Design	طرح
Direzione	جهت
Discesa	تپار
Equipaggio	خدمه
Gonfiare	باد کردن
Idrogeno	هیدروژن
Motore	موتور
Palloncino	بادکنک
Passeggero	مسافر
Pilota	خلبان
Storia	تاریخ
Turbolenza	تلاطم

Aggettivi #1
صفت #1

Ambizioso	جاه طلب
Aromatico	معطر
Artistico	هنری
Assoluto	مطلق
Attivo	فعال
Enorme	بزرگ
Esotico	عجیب و غریب
Generoso	سخاوتمندانه
Giovane	جوان
Identico	یکسان
Importante	مهم
Lento	کند
Lungo	بلند
Moderno	مدرن
Onesto	صادق
Perfetto	کامل
Pesante	سنگین
Prezioso	با ارزش
Profondo	عمیق
Sottile	نازک

Aggettivi #2
صفت #2

Affamato	گرسنه
Asciutto	خشک
Autentico	معتبر
Creativo	خلاق
Descrittivo	توصیفی
Dolce	شیرین
Drammatico	نمایشی
Elegante	زیبا
Famoso	مشهور
Forte	قوی
Interessante	جالب هست
Naturale	طبیعی
Normale	عادی
Nuovo	جدید
Orgoglioso	مغرور
Produttivo	مولد
Puro	خالص
Responsabile	مسئول
Salato	شور
Sano	سالم

Animali Domestici
حیوانات خانگی

Acqua	آب
Cane	سگ
Capra	بز
Cibo	غذا
Coda	دم
Collare	یقه
Coniglio	خرگوش
Criceto	همستر
Cucciolo	توله سگ
Gattino	بچه گربه
Gatto	گربه
Lucertola	مارمولک
Mucca	گاو
Pappagallo	طوطی
Pesce	ماهی
Tartaruga	لاک پشت
Topo	موش
Veterinario	دامپزشک
Zampe	پنجه

Antartide
قطب جنوب

Acqua	آب
Ambiente	محیط
Baia	خلیج
Balene	نهنگ
Conservazione	حفاظت
Continente	قاره
Esplorazione	اکتشاف
Geografia	جغرافیا
Ghiaccio	خی
Isole	جزایر
Migrazione	مهاجرت
Minerali	مواد معدنی
Nuvole	ابرها
Penisola	شبه جزیره
Ricercatore	محقق
Roccioso	راکی
Scientifico	علمی
Spedizione	اکسپدیشن
Temperatura	درجه حرارت
Topografia	توپوگرافی

Api
زنبورها

Ali	بال
Alveare	کندو
Benefico	مفید
Cera	موم
Cibo	غذا
Diversità	تنوع
Ecosistema	زیست بوم
Fiorire	شکوفه
Frutta	میوه
Fumo	دود
Giardino	باغ
Habitat	زیستگاه
Insetto	حشره
Miele	عسل
Piante	گیاهان
Polline	گرده
Regina	ملکه
Sciame	ازدحام
Sole	خورشید

Arrampicata
کوهنوردی

Altitudine	ارتفاع
Atmosfera	اتمسفر
Casco	کلاه
Curiosità	کنجکاوی
Escursioni	پیاده روی
Esperto	کارشناس
Fisico	فیزیکی
Formazione	آموزش
Forza	استحکام
Grotta	غار
Guanti	دستکش
Guide	راهنما
Mappa	نقشه
Stabilità	ثبات
Stivali	چکمه
Stretto	باریک
Terreno	زمین

Arte
هنر

Ceramica	سرامیک
Complesso	پیچیده
Composizione	ترکیب
Creare	ایجاد
Espressione	بیان
Figura	شکل
Ispirato	الهام گرفته
Onesto	صادق
Originale	اصلی
Personale	شخصی
Poesia	شعر
Scultura	مجسمه سازی
Semplice	ساده
Simbolo	نماد
Soggetto	موضوع
Surrealismo	سورئالیسم
Umore	حالت
Visivo	بصری

Arti Visive
هنرهای تجسمی

Architettura	معماری
Argilla	خاک رس
Artista	هنرمند
Capolavoro	شاهکار
Cavalletto	سه پایه
Cera	موم
Ceramica	سرامیک
Composizione	ترکیب بندی
Creatività	خلاقیت
Film	فیلم
Fotografia	عکس
Gesso	گچ
Matita	مداد
Penna	خودکار
Pittura	نقاشی
Prospettiva	چشم انداز
Ritratto	پرتره
Scultura	مجسمه سازی
Stampino	شابلون

Astronomia
اخترشناسی

Asteroide	سیارک
Astronauta	فضانورد
Astronomo	ستاره شناس
Cielo	آسمان
Cosmo	کیهان
Costellazione	صورت فلکی
Equinozio	اعتدال
Galassia	کهکشان
Gravità	جاذبه
Luna	ماه
Meteora	شهاب
Nebulosa	سحابی
Osservatorio	رصدخانه
Pianeta	سیاره
Radiazione	تابش
Razzo	موشک
Supernova	ابرنواختر
Telescopio	تلسکوپ
Terra	زمین
Universo	جهان

Attività
فعالیت ها

Abilità	مهارت
Arte	هنر
Artigianato	صنایع دستی
Attività	فعالیت
Caccia	شکار
Campeggio	کمپینگ
Ceramica	سرامیک
Cucire	دوخت
Danza	رقص
Escursioni	پیاده روی
Fotografia	عکاسی
Giardinaggio	باغبانی
Interessi	منافع
Lettura	خواندن
Magia	جادو
Pesca	ماهیگیری
Piacere	لذت
Pittura	نقاشی
Rilassamento	آرامش
Tempo Libero	فراغت

Attività e Tempo Libero
فعالیت ها و اوقات فراغت

Arte	هنر
Baseball	بیسبال
Basket	بسکتبال
Boxe	بوکس
Calcio	فوتبال
Campeggio	کمپینگ
Escursioni	پیاده روی
Giardinaggio	باغبانی
Golf	گلف
Hobby	سرگرمی
Immersione	غواصی
Nuoto	شنا کردن
Pallavolo	والیبال
Pesca	ماهیگیری
Pittura	نقاشی
Rilassante	آرامش بخش
Surf	موج سواری
Tennis	تنیس
Viaggio	سفر

Avventura
ماجراجویی

Amici	دوستان
Attività	فعالیت
Bellezza	زیبایی
Caso	شانس
Coraggio	شجاعت
Destinazione	مقصد
Difficoltà	مشکل
Entusiasmo	اشتیاق
Escursione	گشت و گذار
Gioia	شادی
Insolito	غیر معمول
Itinerario	سفرنامه
Natura	طبیعت
Navigazione	جهت یابی
Nuovo	جدید
Opportunità	فرصت
Pericoloso	خطرناک
Preparazione	آماده سازی
Sicurezza	ایمنی

Balletto
باله

Abilità	مهارت
Artistico	هنری
Assolo	انفرادی
Ballerina	رقاصه
Ballerini	رقصنده
Compositore	آهنگساز
Coreografia	رقص
Espressivo	رسا
Gesto	ژست
Grazioso	برازنده
Intensità	شدت
Muscoli	عضلات
Musica	موسیقی
Orchestra	ارکستر
Pratica	تمرین
Ritmo	ریتم
Stile	سبک
Tecnica	تکنیک

Barbecue
کباب کردن

Caldo	داغ
Cena	شام
Cibo	غذا
Cipolle	پیاز
Coltelli	چاقو
Estate	تابستان
Fame	گرسنگی
Famiglia	خانواده
Frutta	میوه
Griglia	گریل
Insalate	سالاد
Invito	دعوت
Musica	موسیقی
Pepe	فلفل
Pollo	مرغ
Pomodori	گوجه فرنگی
Pranzo	ناهار
Sale	نمک
Salsa	سس
Verdure	سبزیجات

Campeggio
چادر زدن

Alberi	درختان
Amaca	بانوج
Animali	حیوانات
Avventura	ماجراجویی
Bussola	قطب نما
Cabina	کابین
Caccia	شکار
Canoa	قایق رانی
Cappello	کلاه
Corda	طناب
Divertimento	سرگرم کننده
Foresta	جنگل
Fuoco	آتش
Insetto	حشره
Lago	دریاچه
Luna	ماه
Mappa	نقشه
Montagna	کوه
Natura	طبیعت
Tenda	چادر

Campionato
قهرمانی

Allenatore	مربی
Campionato	قهرمانی
Campione	قهرمان
Finalista	فینالیست
Giudice	قاضی
Lega	لیگ
Medaglia	مدال
Motivazione	انگیزه
Prestazione	عملکرد
Resistenza	استقامت
Sportivo	ورزش
Squadra	تیم
Strategia	استراتژی
Sudore	تعریق
Torneo	مسابقات
Vittoria	پیروزی

Casa
خانه

Bagno	حمام
Biblioteca	کتابخانه
Camera	اتاق
Camino	شومینه
Casa	خانه
Chiavi	کلیدها
Cucina	آشپزخانه
Doccia	دوش
Finestra	پنجره
Garage	گاراژ
Giardino	باغ
Lampada	لامپ
Parete	دیوار
Pavimento	کف
Porta	درب
Recinto	نرده
Scopa	جارو
Specchio	آینه
Tappeto	فرش
Tetto	سقف

Castelli
قلعه‌ها

Armatura	زره
Catapulta	منجنیق
Cavaliere	شوالیه
Cavallo	اسب
Corona	تاج
Dinastia	سلسله
Drago	اژدها
Dungeon	سیاه چال
Fortezza	قلعه
Fossato	خندق
Impero	امپراتوری
Nobile	نجیب
Palazzo	قصر
Parete	دیوار
Principessa	شاهزاده
Regno	پادشاهی
Scudo	سپر
Spada	شمشیر
Torre	برج

Cibo #1
غذا #1

Aglio	سیر
Basilico	ریحان
Cannella	دارچین
Carne	گوشت
Carota	هویج
Cipolla	پیاز
Fragola	توت فرنگی
Insalata	سالاد
Latte	شیر
Limone	لیمو
Menta	نعناع
Orzo	جو
Pera	گلابی
Rapa	شلغم
Sale	نمک
Spinaci	اسفناج
Succo	آب
Tonno	ماهی تن
Torta	کیک
Zucchero	قند

Cibo #2
غذا #2

Banana	موز
Broccolo	کلم بروکلی
Ciliegia	گیلاس
Cioccolato	شکلات
Formaggio	پنیر
Fungo	قارچ
Grano	گندم
Kiwi	کیوی
Mela	سیب
Melanzana	بادمجان
Pane	نان
Pesce	ماهی
Pollo	مرغ
Pomodoro	گوجه فرنگی
Prosciutto	ژامبون
Riso	برنج
Sedano	کرفس
Uovo	تخم مرغ
Uva	انگور
Yogurt	ماست

Cioccolato
شکلات

Amaro	تلخ
Antiossidante	آنتی اکسیدان
Arachidi	بادام زمینی
Aroma	عطر
Artigianale	صنعتگری
Cacao	کاکائو
Calorie	کالری
Caramella	آب نبات
Caramello	کارامل
Delizioso	خوشمزه
Dolce	شیرین
Esotico	عجیب و غریب
Gusto	طعم
Ingrediente	جزء
Noce di Cocco	نارگیل
Polvere	پودر
Preferito	مورد علاقه
Qualità	کیفیت
Zucchero	قند

Circo
سیرک

Acrobata	آکروبات
Animali	حیوانات
Biglietto	بلیط
Caramella	آب نبات
Clown	دلقک
Costume	لباس
Elefante	فیل
Giocoliere	شعبده باز
Leone	شیر
Magia	جادو
Mago	جادوگر
Musica	موسیقی
Palloncini	بالن
Parata	رژه
Scimmia	میمون
Spettacolare	دیدنی
Spettatore	تماشاگر
Tenda	چادر
Tigre	ببر
Trucco	ترفند

Città
شهر

Aeroporto	فرودگاه
Banca	بانک
Biblioteca	کتابخانه
Cinema	سینما
Clinica	درمانگاه
Farmacia	داروخانه
Fiorista	گلفروش
Galleria	گالری
Hotel	هتل
Libreria	کتابفروشی
Mercato	بازار
Museo	موزه
Negozio	فروشگاه
Panetteria	نانوایی
Scuola	مدرسه
Stadio	ورزشگاه
Supermercato	سوپرمارکت
Teatro	نمایش
Università	دانشگاه
Zoo	باغ وحش

Colori
رنگ‌اه

Arancia	یچنران
Azzurro	یدروجال
Beige	ژب
Bianco	دیفس
Blu	آبی
Ciano	فیروزه ای
Cremisi	زرشکی
Giallo	درز
Grigio	یرتسکاخ
Indaco	نیلی
Magenta	اراوغانی
Marrone	نوارب
Nero	سیاه
Rosa	یتروص
Rosso	زمرق
Seppia	قهوه ای
Verde	زبس
Viola	بنفش
Viola	بنفش

Compleanno
دلوت زور

Amici	ناتسود
Anno	لاس
Calendario	میوقت
Canzone	ترانه
Carte	تراک
Celebrazione	نشج
Divertimento	سرگرم کننده
Felice	لاحشوخ
Gioioso	شاد
Giorno	زور
Giovane	ناوج
Grande	یلاع
Inviti	توعد
Nato	متولد
Regalo	هیده
Ricordi	تارطاخ
Saggezza	تمکح
Speciale	هژیو
Tempo	نامز
Torta	کیک

Conservazione
حفاظت

Acqua	آب
Ambientale	محیطی
Cambiamenti	تاریغت
Ciclo	چرخه
Clima	اقلیم
Ecosistema	زیست بوم
Educazione	تحصیلات
Habitat	زیستگاه
Inquinamento	آلودگی
Naturale	طبیعی
Organico	آلی
Pesticida	آفت کش
Preoccupazione	نگرانی
Riciclare	بازیافت
Salute	سلامتی
Sostenibile	پایدار
Verde	زبس
Volontario	داوطلب

Corpo Umano
بدن انسان

Bocca	دهان
Caviglia	مچ پا
Cervello	مغز
Collo	گردن
Cuore	قلب
Dito	انگشت
Faccia	صورت
Gamba	پا
Ginocchio	زانو
Gomito	آرنج
Mano	دست
Mento	چانه
Naso	بینی
Occhio	چشم
Orecchio	گوش
Pelle	پوست
Sangue	خون
Spalla	شانه
Stomaco	معده
Testa	رس

Cucina
آشپزخانه

Bacchette	چوبکهای غذاخوری
Bollitore	کتری
Brocca	کوزه
Cibo	غذا
Ciotola	کاسه
Coltelli	چاقو
Congelatore	فریزر
Cucchiai	قاشق
Forchette	چنگال
Forno	فر
Frigorifero	یخچال
Grembiule	پیشبند
Griglia	گریل
Mestolo	ملاقه
Spezie	ادویه
Spugna	اسفنج
Tovagliolo	دستمال سفره
Vaso	شیشه

Danza
رقص

Accademia	آکادمی
Arte	هنر
Classico	کلاسیک
Compagno	شریک
Coreografia	رقص
Corpo	بدن
Cultura	فرهنگ
Culturale	فرهنگی
Emozione	احساسات
Espressivo	رسا
Gioioso	شاد
Grazia	گریس
Movimento	جنبش
Musica	موسیقی
Postura	وضعیت
Prova	تمرین
Ritmo	ریتم
Salto	پرش
Tradizionale	سنتی
Visivo	بصری

Dinosauri
دایناسورها

Ali	بال
Carnivoro	گوشتخوار
Coda	دم
Enorme	عظیم
Erbivoro	گیاهخوار
Evoluzione	تکامل
Fossili	فسیل
Grande	بزرگ
Mammut	ماموت
Potente	قدرتمند
Preda	طعمه
Preistorico	ماقبل تاریخ
Rapace	رپتور
Rettile	خزنده
Scomparsa	ناپدید شدن
Taglia	اندازه
Terra	زمین

Discipline Scientifiche
رشته های علمی

Anatomia	آناتومی
Archeologia	باستان شناسی
Astronomia	نجوم
Biochimica	بیوشیمی
Biologia	زیست شناسی
Botanica	گیاه شناسی
Chimica	شیمی
Ecologia	بوم شناسی
Fisiologia	فیزیولوژی
Geologia	زمین شناسی
Immunologia	ایمونولوژی
Linguistica	زبانشناسی
Meccanica	مکانیک
Meteorologia	هواشناسی
Mineralogia	کانی شناسی
Neurologia	اعصاب
Psicologia	روانشناسی
Sociologia	جامعه شناسی
Termodinamica	ترمودینامیک
Zoologia	جانورشناسی

Ecologia
بوم شناسی

Clima	اقلیم
Comunità	جوامع
Diversità	تنوع
Fauna	جانوران
Flora	فلور
Globale	جهانی
Habitat	زیستگاه
Marino	دریایی
Natura	طبیعت
Naturale	طبیعی
Palude	مارش
Piante	گیاهان
Risorse	منابع
Siccità	خشکسالی
Sopravvivenza	بقا
Sostenibile	پایدار
Vegetazione	زندگی گیاهی
Volontari	داوطلبان

Edifici
ساختمانها

Ambasciata	سفارت
Appartamento	آپارتمان
Cabina	کابین
Castello	قلعه
Cinema	سینما
Fabbrica	کارخانه
Fienile	انبار
Hotel	هتل
Laboratorio	آزمایشگاه
Museo	موزه
Ospedale	بیمارستان
Osservatorio	رصدخانه
Ostello	خوابگاه
Scuola	مدرسه
Stadio	ورزشگاه
Supermercato	سوپرمارکت
Teatro	نمایش
Tenda	چادر
Torre	برج
Università	دانشگاه

Emozioni
احساسات

Amore	عشق
Beatitudine	سعادت
Calma	آرام
Contenuto	محتوا
Gentilezza	مهربانی
Gioia	شادی
Grato	سپاسگزار
Imbarazzato	خجالت
Noia	کسالت
Pace	صلح
Paura	ترس
Rabbia	خشم
Rilievo	تسکین
Simpatia	همدردی
Soddisfatto	راضی
Tenerezza	حساسیت
Tranquillità	آرامش
Tristezza	غم و اندوه

Erboristeria
گیاه شناسی

Aglio	سیر
Aneto	شوید
Aromatico	معطر
Basilico	ریحان
Culinario	آشپزی
Dragoncello	ترخون
Finocchio	رازیانه
Fiore	گل
Giardino	باغ
Ingrediente	جزء
Lavanda	اسطوخودوس
Maggiorana	مرجان
Menta	نعناع
Origano	پونه کوهی
Prezzemolo	جعفری
Qualità	کیفیت
Rosmarino	رزماری
Timo	آویشن
Verde	سبز
Zafferano	زعفران

Escursionismo
پیاده‌روی

Acqua	آب
Animali	حیوانات
Campeggio	کمپینگ
Clima	اقلیم
Guide	راهنماها
Mappa	نقشه
Montagna	کوه
Natura	طبیعت
Orientamento	جهت
Pericoli	خطرات
Pesante	سنگین
Preparazione	آماده سازی
Scogliera	صخره
Selvaggio	وحشی
Sole	خورشید
Stanco	خسته
Stivali	چکمه
Vertice	اجلاس

Esplorazione
اکتشاف

Animali	حیوانات
Attività	فعالیت
Coraggio	شجاعت
Determinazione	تعیین
Eccitazione	هیجان
Esaurimento	خستگی
Lingua	زبان
Nuovo	جدید
Pericoli	خطرات
Pericoloso	خطرناک
Sconosciuto	ناشناخته
Scoperta	کشف
Selvaggio	وحشی
Spazio	فضا
Terreno	زمین
Viaggio	سفر

Estate
تابستان

Amici	دوستان
Campeggio	کمپینگ
Casa	خانه
Cibo	غذا
Famiglia	خانواده
Giardino	باغ
Gioia	شادی
Immersione	غواصی
Libri	کتاب‌ها
Mare	دریا
Musica	موسیقی
Ricordi	خاطرات
Rilassamento	آرامش
Sandali	صندل
Spiaggia	ساحل
Tempo Libero	فراغت
Vacanza	تعطیلات
Viaggio	سفر

Famiglia
خانواده

Antenato	جد
Bambino	کودک
Figlia	دختر
Fratello	برادر
Gemelli	دوقلوها
Infanzia	کودکی
Madre	مادر
Marito	شوهر
Moglie	همسر
Nipote	خواهرزاده
Nonna	مادربزرگ
Nonno	پدربزرگ
Padre	پدر
Paterno	پدری
Sorella	خواهر
Zia	عمه
Zio	عمو

Fantascienza
داستان علمی تخیلی

Atomico	اتمی
Cinema	سینما
Distopia	دیستوپیای
Esplosione	انفجار
Estremo	مفرط
Fuoco	آتش
Futuristico	آینده نگر
Galassia	کهکشان
Illusione	توهم
Immaginario	خیالی
Libri	کتاب‌ها
Misterioso	مرموز
Mondo	جهان
Oracolo	اوراکل
Pianeta	سیاره
Romanzi	رمان
Scenario	سناریو
Tecnologia	تکنولوژی
Utopia	مدینه فاضله

Fattoria #1
مزرعه #1

Acqua	آب
Agricoltura	کشاورزی
Ape	زنبور عسل
Asino	خر
Campo	زمینه
Cane	سگ
Capra	بز
Cavallo	اسب
Fertilizzante	کود
Fieno	یونجه
Gatto	گربه
Gregge	گله
Maiale	خوک
Miele	عسل
Mucca	گاو
Pollo	مرغ
Recinto	نرده
Riso	برنج
Semi	دانه
Vitello	گوساله

Fattoria #2
مزرعه #2

Agnello	بره
Agricoltore	کشاورز
Anatra	اردک
Animali	حیوانات
Cibo	غذا
Fienile	انبار
Frutta	میوه
Frutteto	باغ
Grano	گندم
Irrigazione	آبیاری
Lama	لاما
Latte	شیر
Mais	ذرت
Maturo	رسیده
Oche	غازها
Orzo	جو
Pastore	چوپان
Pecora	گوسفند
Prato	چمنزار
Trattore	تراکتور

Fiori
گل

Dente di Leone	قاصدک
Gardenia	گاردنیا
Gelsomino	یاس
Giglio	زنبق
Girasole	گل خورشید
Ibisco	هیبیسکوس
Lavanda	اسطوخودوس
Magnolia	ماگنولیا
Margherita	دیزی
Mazzo	دسته گل
Narciso	نرگس
Orchidea	ارکیده
Papavero	خشخاش
Petalo	گلبرگ
Plumeria	پلومریا
Rosa	رز
Trifoglio	شبدر
Tulipano	لاله

Foresta Pluviale
جنگل بارانی

Anfibi	دوزیستان
Botanico	گیاه شناسی
Clima	اقلیم
Comunità	انجمن
Diversità	تنوع
Giungla	جنگل
Indigeno	بومی
Insetti	حشرات
Mammiferi	پستانداران
Muschio	خزه
Natura	طبیعت
Nuvole	ابرها
Preservazione	حفظ
Prezioso	با ارزش
Restauro	مرمت
Rifugio	پناه
Rispetto	احترام
Sopravvivenza	بقا
Uccelli	پرندگان

Forme
اشکال

Angolo	گوشه
Arco	کمان
Cerchio	دایره
Cilindro	سیلندر
Cono	مخروط
Cubo	مکعب
Curva	منحنی
Iperbole	هذلولی
Lato	سمت
Linea	خط
Ovale	بیضی
Piramide	هرم
Poligono	چند ضلعی
Prisma	منشور
Quadrato	مربع
Rettangolo	مستطیل
Rotondo	گرد
Sfera	کره
Triangolo	مثلث

Forniture Artistiche
لوازم هنری

Acqua	آب
Acquerelli	آبرنگ
Acrilico	اکریلیک
Argilla	خاک رس
Carta	کاغذ
Cavalletto	سه پایه
Colla	چسب
Colori	رنگها
Creatività	خلاقیت
Gomma	پاک کن
Inchiostro	جوهر
Matite	مداد
Olio	نفت
Sedia	صندلی
Spazzole	برس
Tavolo	جدول
Telecamera	دوربین

Frutta
میوه

Albicocca	زردآلو
Ananas	آناناس
Arancia	نارنجی
Avocado	آووکادو
Bacca	توت
Banana	موز
Ciliegia	گیلاس
Fico	شکل
Kiwi	کیوی
Lampone	تمشک
Limone	لیمو
Mango	انبه
Mela	سیب
Melone	خربزه
Nettarina	شلیل
Papaia	پاپایا
Pera	گلابی
Pesca	هلو
Prugna	آلو
Uva	انگور

Gatti
گربهها

Cacciatore	شکارچی
Coda	دم
Curioso	کنجکاو
Divertente	خنده دار
Dormire	خواب
Filo	نخ
Giocoso	بازیگوش
Indipendente	مستقل
Pazzo	دیوانه
Pelliccia	خز
Personalità	شخصیت
Poco	کم
Selvaggio	وحشی
Timido	خجالتی
Topo	موش
Veloce	سریع
Zampa	پنجه

Geografia
جغرافیا

Altitudine	ارتفاع
Atlante	اطلس
Città	شهر
Continente	قاره
Emisfero	نیمکره
Fiume	رودخانه
Isola	جزیره
Latitudine	عرض جغرافیایی
Longitudine	طول
Mappa	نقشه
Mare	دریا
Meridiano	نصف النهار
Mondo	جهان
Montagna	کوه
Nord	شمال
Ovest	غرب
Paese	کشور
Regione	منطقه
Sud	جنوب
Territorio	قلمرو

Geologia
زمینشناسی

Acido	اسید
Altopiano	فلات
Calcio	کلسیم
Caverna	غار
Continente	قاره
Corallo	مرجان
Cristalli	کریستال
Erosione	فرسایش
Fossile	فسیل
Lava	گدازه
Minerali	مواد معدنی
Pietra	سنگ
Quarzo	کوارتز
Sale	نمک
Stalagmiti	استالاگمیت
Stalattite	استالاکتیت
Strato	لایه
Terremoto	زلزله
Vulcano	آتشفشان
Zona	منطقه

Giardino
باغ

Albero	درخت
Amaca	بانوج
Cespuglio	بوش
Erba	چمن
Erbacce	علف های هرز
Fiore	گل
Garage	گاراژ
Giardino	باغ
Pala	بیل
Panca	نیمکت
Portico	ایوان
Rastrello	شن کش
Recinto	نرده
Stagno	برکه
Suolo	خاک
Terrazza	تراس
Trampolino	ترامپولین
Tubo	شلنگ
Vite	تاک

Giocattoli
اسباب بازی

Aereo	هواپیما
Aquilone	بادبادک
Argilla	خاک رس
Artigianato	صنایع دستی
Auto	ماشین
Bambola	عروسک
Barca	قایق
Batteria	درام
Bicicletta	دوچرخه
Camion	کامیون
Immaginazione	تخیل
Libri	کتابها
Palla	توپ
Preferito	مورد علاقه
Robot	ربات
Scacchi	شطرنج
Treno	قطار

Giorni e Mesi
روزها و ماهها

Agosto	اوت
Anno	سال
Aprile	آوریل
Calendario	تقویم
Dicembre	دسامبر
Domenica	یکشنبه
Febbraio	فوریه
Gennaio	ژانویه
Giugno	خرداد
Luglio	جولای
Lunedì	دوشنبه
Martedì	سه شنبه
Mercoledì	چهارشنبه
Mese	ماه
Novembre	نوامبر
Ottobre	اکتبر
Sabato	شنبه
Settembre	سپتامبر
Settimana	هفته
Venerdì	جمعه

Guida
رانندگی

Auto	ماشین
Autobus	اتوبوس
Carburante	سوخت
Freni	ترمز
Garage	گاراژ
Gas	گاز
Incidente	تصادف
Licenza	مجوز
Mappa	نقشه
Moto	موتورسیکلت
Motore	موتور
Pedonale	عابر پیاده
Pericolo	خطر
Polizia	پلیس
Sicurezza	ایمنی
Strada	جاده
Traffico	ترافیک
Trasporto	حمل و نقل
Tunnel	تونل
Velocità	سرعت

Imbarcazioni
قایق

Albero	دکل
Ancora	لنگر
Boa	شناور
Canoa	قایق رانی
Corda	طناب
Dock	اسکله
Equipaggio	خدمه
Fiume	رودخانه
Kayak	کایاک
Lago	دریاچه
Mare	دریا
Marea	جزر و مد
Marinaio	ملوان
Motore	موتور
Nautico	دریایی
Oceano	اقیانوس
Onde	امواج
Traghetto	فری
Yacht	قایق بادبانی
Zattera	قایق

Insetti
حشرات

Afide	شته
Ape	زنبور عسل
Calabrone	هورنت
Cavalletta	ملخ
Cicala	سیکادا
Coccinella	لیدی باگ
Farfalla	پروانه
Formica	مورچه
Larva	لارو
Libellula	سنجاقک
Mantide	مانتیس
Pulce	کک
Scarafaggio	سوسک
Termite	موریانه
Verme	کرم
Vespa	زنبور
Zanzara	پشه

Letteratura
ادبیات

Analisi	تحلیل
Analogia	قیاس
Aneddoto	حکایت
Autore	نویسنده
Biografia	بیوگرافی
Conclusione	نتیجه
Confronto	مقایسه
Critica	نقد
Descrizione	شرح
Dialogo	گفتگو
Metafora	استعاره
Opinione	نظر
Poesia	شعر
Poetico	شاعرانه
Rima	قافیه
Ritmo	ریتم
Romanzo	رمان
Stile	سبک
Tema	تم
Tragedia	تراژدی

Libri
کتابها

Autore	نویسنده
Avventura	ماجراجویی
Collezione	مجموعه
Contesto	بافت
Dualità	دوگانگی
Epico	حماسه
Inventivo	مبتکر
Letterario	ادبی
Lettore	خواننده
Narratore	راوی
Pagina	صفحه
Poesia	شعر
Rilevante	مربوط
Romanzo	رمان
Scritto	نوشته شده
Serie	سری
Storia	داستان
Storico	تاریخی
Tragico	غم انگیز
Umoristico	طنز

Mammiferi
پستانداران

Balena	نهنگ
Cane	سگ
Canguro	کانگورو
Cavallo	اسب
Cervo	آهو
Coniglio	خرگوش
Coyote	کایوت
Delfino	دلفین
Elefante	فیل
Gatto	گربه
Giraffa	زرافه
Gorilla	گوریل
Leone	شیر
Lupo	گرگ
Orso	خرس
Pecora	گوسفند
Scimmia	میمون
Toro	گاو نر
Volpe	فاکس
Zebra	گورخر

Matematica
ریاضی

Angoli	زاویه
Aritmetica	حساب
Circonferenza	دور
Decimale	اعشاری
Diametro	قطر
Divisione	بخش
Equazione	معادله
Esponente	نما
Frazione	کسر
Geometria	هندسه
Parallelo	موازی
Perimetro	محیط
Perpendicolare	عمود
Poligono	چند ضلعی
Quadrato	مربع
Raggio	شعاع
Rettangolo	مستطیل
Simmetria	تقارن
Somma	جمع
Triangolo	مثلث

Meditazione
مدیتیشن

Accettazione	پذیرش
Attenzione	توجه
Calma	آرام
Chiarezza	وضوح
Compassione	شفقت
Emozioni	احساسات
Gentilezza	مهربانی
Gratitudine	قدردانی
Mentale	ذهنی
Mente	ذهن
Movimento	جنبش
Musica	موسیقی
Natura	طبیعت
Osservazione	مشاهده
Pace	صلح
Pensieri	افکار
Postura	وضعیت
Prospettiva	چشم انداز
Respirazione	تنفس
Silenzio	سکوت

Meteo
وضع هوا

Arcobaleno	رنگین کمان
Asciutto	خشک
Atmosfera	اتمسفر
Brezza	نسیم
Calma	آرام
Cielo	آسمان
Clima	اقلیم
Fulmine	رعد و برق
Ghiaccio	یخ
Nebbia	مه
Nube	ابر
Polare	قطبی
Siccità	خشکسالی
Temperatura	درجه حرارت
Tempesta	طوفان
Tornado	گردباد
Tropicale	گرمسیری
Tuono	تندر
Umido	مرطوب
Vento	باد

Misurazioni
اندازه گیری

Altezza	ارتفاع
Byte	بایت
Centimetro	سانتیمتر
Chilogrammo	کیلوگرم
Chilometro	کیلومتر
Decimale	اعشاری
Grado	درجه
Grammo	گرم
Larghezza	عرض
Litro	لیتر
Lunghezza	طول
Massa	جرم
Metro	متر
Minuto	دقیقه
Oncia	اونس
Peso	وزن
Pollice	اینچ
Profondità	عمق
Tonnellata	تن

Mitologia
اسطوره شناسی

Archetipo	الگوی کهن
Comportamento	رفتار
Creatura	موجود
Creazione	ایجاد
Cultura	فرهنگ
Disastro	فاجعه
Divinità	خدایان
Eroe	قهرمان
Forza	استحکام
Fulmine	رعد و برق
Gelosia	حسادت
Guerriero	جنگجو
Immortalità	جاودانگی
Labirinto	هزارتو
Leggenda	افسانه
Magico	جادویی
Mortale	فانی
Mostro	هیولا
Tuono	تندر
Vendetta	انتقام

Natura
طبیعت

Animali	حیوانات
Api	زنبورها
Artico	قطب شمال
Bellezza	زیبایی
Deserto	کویر
Dinamico	پویا
Erosione	فرسایش
Fiume	رودخانه
Fogliame	شاخ و برگ
Foresta	جنگل
Ghiacciaio	یخچال
Nebbia	مه
Nuvole	ابرها
Rifugio	پناه
Santuario	پناهگاه
Scogliere	صخره
Selvaggio	وحشی
Sereno	آرام
Tropicale	گرمسیری
Vitale	حیاتی

Numeri
اعداد

Cinque	پنج
Decimale	اعشاری
Diciannove	نوزده
Diciassette	هفده
Diciotto	هجده
Dieci	ده
Dodici	دوازده
Due	دو
Nove	نه
Otto	هشت
Quattordici	چهارده
Quattro	چهار
Quindici	پانزده
Sedici	شانزده
Sei	شش
Sette	هفت
Tre	سه
Tredici	سیزده
Venti	بیست
Zero	صفر

Nutrizione
تغذیه

Amaro	تلخ
Appetito	اشتها
Bilanciato	متعادل
Calorie	کالری
Carboidrati	کربوهیدرات
Commestibile	خوراکی
Dieta	رژیم غذایی
Digestione	هضم
Fermentazione	تخمیر
Liquidi	مایعات
Nutriente	مواد مغذی
Peso	وزن
Proteine	پروتیین
Qualità	کیفیت
Salsa	سس
Salute	سلامتی
Sano	سالم
Spezie	ادویه
Tossina	سم
Vitamina	ویتامین

Oceano
اقیانوس

Alghe	جلبک
Anguilla	مارماهی
Balena	نهنگ
Barca	قایق
Corallo	مرجان
Delfino	دلفین
Gamberetto	میگو
Granchio	خرچنگ
Medusa	عروس دریایی
Onde	امواج
Ostrica	صدف
Pesce	ماهی
Polpo	اختاپوس
Sale	نمک
Scogliera	تپه دریایی
Spugna	اسفنج
Squalo	کوسه
Tartaruga	لاک پشت
Tempesta	طوفان
Tonno	ماهی تن

Paesaggi
چشمانداز

Cascata	آبشار
Collina	تپه
Deserto	کویر
Fiume	رودخانه
Ghiacciaio	یخچال
Golfo	خلیج
Grotta	غار
Iceberg	کوه یخ
Isola	جزیره
Lago	دریاچه
Mare	دریا
Montagna	کوه
Oasi	واحه
Oceano	اقیانوس
Palude	باتلاق
Penisola	شبه جزیره
Spiaggia	ساحل
Tundra	تندرا
Valle	دره
Vulcano	آتشفشان

Paesi #2
کشورها #2

Albania	آلبانی
Danimarca	دانمارک
Etiopia	اتیوپی
Giamaica	جامائیکا
Giappone	ژاپن
Grecia	یونان
Haiti	هائیتی
Indonesia	اندونزی
Irlanda	ایرلند
Laos	لاوس
Liberia	لیبریا
Messico	مکزیک
Nepal	نپال
Nigeria	نیجریه
Pakistan	پاکستان
Russia	روسیه
Siria	سوریه
Sudan	سودان
Ucraina	اوکراین
Uganda	اوگاندا

Pesca
ماهیگیری

Acqua	آب
Attrezzatura	تجهیزات
Barca	قایق
Cesto	سبد
Esagerazione	اغراق
Esca	طعمه
Filo	سیم
Fiume	رودخانه
Gancio	قلاب
Lago	دریاچه
Mascella	فک
Oceano	اقیانوس
Pazienza	صبر
Peso	وزن
Pinne	باله
Spiaggia	ساحل
Stagione	فصل

Piante
گیاهان

Albero	درخت
Bacca	توت
Bambù	بامبو
Botanica	گیاه شناسی
Cactus	کاکتوس
Cespuglio	بوش
Crescere	رشد
Edera	پیچک
Erba	چمن
Fagiolo	لوبیا
Fertilizzante	کود
Fiore	گل
Flora	فلور
Fogliame	شاخ و برگ
Foresta	جنگل
Giardino	باغ
Muschio	خزه
Petalo	گلبرگ
Radice	ریشه
Vegetazione	زندگی گیاهی

Pirati
دزدان دریایی

Ancora	لنگر
Avventura	ماجراجویی
Bandiera	پرچم
Bussola	قطب نما
Capitano	کاپیتان
Cattivo	بد
Cicatrice	اسکار
Equipaggio	خدمه
Grotta	غار
Isola	جزیره
Leggenda	افسانه
Mappa	نقشه
Monete	سکه
Oro	طلا
Pappagallo	طوطی
Pericolo	خطر
Rum	رم
Spada	شمشیر
Spiaggia	ساحل
Tesoro	گنج

Professioni #1
حرفه #1

Allenatore	مربی
Ambasciatore	سفیر
Artista	هنرمند
Astronomo	ستاره شناس
Avvocato	وکیل
Ballerino	رقصنده
Banchiere	بانکدار
Cacciatore	شکارچی
Cartografo	نقشه نگار
Editore	ویراستار
Farmacista	داروساز
Geologo	زمین شناس
Gioielliere	جواهر
Idraulico	لوله کش
Infermiera	پرستار
Musicista	نوازنده
Pianista	پیانیست
Psicologo	روانشناس
Scienziato	دانشمند
Veterinario	دامپزشک

Professioni #2
حرفه #2

Astronauta	فضانورد
Bibliotecario	کتابدار
Biologo	زیست شناس
Chirurgo	جراح
Dentista	دندانپزشک
Detective	کاراگاه
Filosofo	فیلسوف
Fotografo	عکاس
Giardiniere	باغبان
Giornalista	خبرنگار
Illustratore	تصویرگر
Ingegnere	مهندس
Insegnante	معلم
Inventore	مخترع
Linguista	زبانشناس
Medico	پزشک
Pilota	خلبان
Pittore	نقاش
Ricercatore	محقق
Zoologo	جانورشناس

Riempire
برای پر کردن

Bacino	حوضه
Barile	بشکه
Borsa	کیسه
Bottiglia	بطری
Busta	پاکت
Cartella	پوشه
Cartone	کارتن
Cassetto	کشو
Cesto	سبد
Nave	کشتی
Pacchetto	بسته
Scatola	جعبه
Secchio	سطل
Tasca	جیب
Tubo	لوله
Valigia	چمدان
Vasca	وان
Vaso	گلدان
Vassoio	سینی

Ristorante #1
رستوران #1

Allergia	آلرژی
Caffè	قهوه
Cameriera	پیشخدمت
Carne	گوشت
Cassiere	صندوقدار
Cibo	غذا
Ciotola	کاسه
Coltello	چاقو
Cucina	آشپزخانه
Dessert	دسر
Menù	منو
Pane	نان
Piatto	بشقاب
Piccante	تند
Pollo	مرغ
Prenotazione	رزرو
Salsa	سس
Tovagliolo	دستمال سفره

Ristorante #2
رستوران #2

Acqua	آب
Bevanda	نوشیدنی
Cameriere	گارسون
Cena	شام
Cucchiaio	قاشق
Delizioso	خوشمزه
Forchetta	چنگال
Frutta	میوه
Ghiaccio	یخ
Insalata	سالاد
Minestra	سوپ
Pesce	ماهی
Pranzo	ناهار
Sale	نمک
Sedia	صندلی
Spezie	ادویه
Torta	کیک
Uova	تخم مرغ
Verdure	سبزیجات

Scacchi
شطرنج

Avversario	حریف
Bianco	سفید
Campione	قهرمان
Concorso	مسابقه
Diagonale	مورب
Giocatore	بازیکن
Gioco	بازی
Intelligente	باهوش
Nero	سیاه
Passivo	منفعل
Re	پادشاه
Regina	ملکه
Regole	قوانین
Sacrificio	قربانی
Strategia	استراتژی
Tempo	زمان
Torneo	مسابقات

Scienza
علم

Atomo	اتم
Chimico	شیمیایی
Clima	اقلیم
Dati	داده
Esperimento	آزمایش
Evoluzione	تکامل
Fatto	حقیقت
Fisica	فیزیک
Fossile	فسیلی
Gravità	جاذبه
Ipotesi	فرضیه
Laboratorio	آزمایشگاه
Metodo	روش
Minerali	مواد معدنی
Molecole	مولکول ها
Natura	طبیعت
Organismo	ارگانیسم
Osservazione	مشاهده
Particelle	ذرات
Scienziato	دانشمند

Scuola #1
مدرسه #1

Alfabeto	الفبا
Amici	دوستان
Aula	کلاس درس
Biblioteca	کتابخانه
Carta	کاغذ
Cartelle	پوشه
Divertimento	سرگرم کننده
Esami	امتحانات
Insegnante	معلم
Libri	کتابها
Marcatori	نشانگرها
Matematica	ریاضی
Matita	مداد
Numeri	شماره
Penne	قلم
Pranzo	ناهار
Quiz	مسابقه
Risposte	پاسخ
Scrivania	میز
Sedia	صندلی

Scuola #2
مدرسه #2

Accademico	علمی
Apprendimento	یادگیری
Autobus	اتوبوس
Biblioteca	کتابخانه
Calendario	تقویم
Carta	کاغذ
Computer	کامپیوتر
Dizionario	فرهنگ لغت
Educazione	تحصیلات
Forbici	قیچی
Grammatica	گرامر
Insegnante	معلم
Letteratura	ادبیات
Lettura	خواندن
Libri	کتابها
Matematica	ریاضی
Matita	مداد
Scarpe	کفش
Scienza	علم
Zaino	کوله پشتی

Spezie
ادویه جات

Aglio	سیر
Amaro	تلخ
Cannella	دارچین
Cardamomo	هل
Cipolla	پیاز
Coriandolo	گشنیز
Cumino	زیره
Curcuma	زردچوبه
Curry	کاری
Dolce	شیرین
Finocchio	رازیانه
Gusto	طعم
Liquirizia	شیرین بیان
Noce Moscata	جوز هندی
Paprika	فلفل قرمز
Pepe	فلفل
Sale	نمک
Vaniglia	وانیل
Zafferano	زعفران
Zenzero	زنجبیل

Spiaggia
ساحل

Asciugamano	حوله
Barca	قایق
Barca a Vela	قایق بادبانی
Blu	یآب
Costa	ساحل
Dock	اسکله
Granchio	خرچنگ
Isola	جزیره
Laguna	تالاب
Mare	دریا
Oceano	اقیانوس
Ombrello	چتر
Sabbia	شن
Sandali	صندل
Scogliera	تپه دریایی
Sole	خورشید
Vacanza	تعطیلات

Sport
ورزش

Allenatore	مربی
Arbitro	داور
Atleta	ورزشکار
Baseball	بیسبال
Basket	بسکتبال
Bicicletta	دوچرخه
Campionato	قهرمانی
Ginnastica	ژیمناستیک
Giocatore	بازیکن
Gioco	بازی
Golf	گلف
Hockey	هاکی
Movimento	جنبش
Squadra	تیم
Stadio	ورزشگاه
Tennis	تنیس
Vincitore	برنده

Strumenti
ابزار

Ascia	تبر
Cavo	کابل
Colla	چسب
Coltello	چاقو
Corda	طناب
Cucitrice	منگنه
Forbici	قیچی
Maglio	تک
Martello	چکش
Pala	بیل
Pinze	انبردست
Rasoio	تیغ
Ruota	چرخ
Scala	نردبان
Torcia	مشعل
Vite	پیچ

Strumenti Musicali
آلات موسیقی

Arpa	ساز چنگ
Banjo	بانجو
Chitarra	گیتار
Clarinetto	کلارینت
Fagotto	باسون
Flauto	فلوت
Gong	گونگ
Mandolino	ماندولین
Marimba	ماریمبا
Oboe	ابوا
Pianoforte	پیانو
Sassofono	ساکسوفون
Tamburello	دایره زنگی
Tamburo	درام
Tromba	شیپور
Trombone	ترومبون
Violino	ویولن
Violoncello	ویولن سل

Suoni
صداها

Applaudire	کف زدن
Campana	بل
Concerto	کنسرت
Coro	گروه کر
Eco	اکو
Fischio	سوت
Gemito	ناله
Ripetitivo	تکراری
Risata	خنده
Risonante	طنین انداز
Rumoroso	پر سر و صدا
Sirene	آژیره
Sussurro	نجوا
Tosse	سرفه
Vibrazione	لرزش
Voci	صداها

Surf
گشت و گذار

Atleta	ورزشکار
Campione	قهرمان
Divertimento	سرگرم کننده
Estremo	مفرط
Folla	جمعیت
Forza	استحکام
Oceano	اقیانوس
Onda	موج
Popolare	محبوب
Principiante	مبتدی
Schiuma	فوم
Scogliera	تپه دریایی
Spiaggia	ساحل
Stile	سبک
Stomaco	معده
Velocità	سرعت

Tecnologia
یژولونکت

Blog	گالبو
Browser	رگرورم
Byte	تیاب
Computer	رتویپماک
Cursore	امن ناکم
Dati	هداد
Digitale	لاتیجید
File	لیاف
Internet	تنرتنیا
Messaggio	مایپ
Ricerca	شهوژپ
Schermo	شیامن هحفص
Sicurezza	تینما
Software	رازفا مرن
Statistiche	رامآ
Telecamera	نیبرود
Virtuale	یزاجم
Virus	سوریو

Tempo
نامز

Anno	لاس
Annuale	هنالاس
Calendario	میوقت
Decennio	ههد
Futuro	هدنیآ
Giorno	زور
Ieri	زورید
Mattina	حبص
Mese	هام
Mezzogiorno	رهظ
Minuto	هقیقد
Momento	هظحل
Notte	بش
Oggi	زورما
Ora	تعاس
Ora	نونکا
Presto	یدوز هب
Prima	زا لبق
Secolo	نرق
Settimana	هتفه

Tipi di Capelli
وم عاونا

Argento	هرقن
Asciutto	کشخ
Bianco	دیفس
Biondo	روب
Breve	هاتوک
Calvo	ساط
Colorato	یگنر
Grigio	یرتسکاخ
Intrecciato	هتفاب
Liscio	فاص
Lungo	دنلب
Marrone	نوارب
Morbido	مرن
Nero	هایس
Riccio	یرفرف
Riccioli	رف
Sano	ملاس
Sottile	کزان
Spessore	میخض
Trecce	اهراون

Uccelli
ناگدنرپ

Airone	لیصاوح
Anatra	کدرا
Aquila	باقع
Cicogna	کل کل
Cigno	وق
Cuculo	هتخاف
Falco	نیهاش
Fenicottero	وگنیمالف
Gufo	دغج
Oca	زاغ
Pappagallo	یطوط
Passero	کشنجنگ
Pavone	سوواط
Pellicano	ناکیلپ
Piccione	رتوبک
Pinguino	نئوگنپ
Pollo	غرم
Struzzo	غرمرتش
Tucano	ناکوت
Uovo	غرم مخت

Vacanza #1
تالیطعت #1

Aereo	امیپاوه
Auto	نیشام
Biglietto	طیلب
Dogana	کرمگ
Itinerario	همانرفس
Lago	هچایرد
Museo	هزوم
Ombrello	رتچ
Partenza	جورخ
Rilassamento	شمارآ
Spedizione	نشیدپسکا
Tram	اومارت
Turismo	تسیروت
Valigia	نادمچ
Valuta	لوپ دحاو
Zaino	یتشپ هلوک

Vacanze #2
تالیطعت #2

Aeroporto	هاگدورف
Campeggio	گنیپمک
Destinazione	دصقم
Foto	سکع
Hotel	لته
Isola	هریزج
Mappa	هشقن
Mare	ایرد
Passaporto	همانرذگ
Ristorante	ناروتسر
Spiaggia	لحاس
Straniero	یجراخ
Taxi	یسکات
Tempo Libero	تغارف
Tenda	رداچ
Trasporto	لقن و لمح
Treno	راطق
Vacanza	تالیطعت
Viaggio	رفس
Visto	ازیو

Veicoli

وسایل نقلیه

Aereo	هواپیما
Ambulanza	آمبولانس
Auto	ماشین
Autobus	اتوبوس
Bicicletta	دوچرخه
Camion	کامیون
Caravan	کاروان
Elicottero	هلیکوپتر
Metropolitana	مترو
Motore	موتور
Navetta	شاتل
Pneumatici	لاستیک
Razzo	موشک
Scooter	اسکوتر
Sottomarino	زیردریایی
Taxi	تاکسی
Traghetto	فری
Trattore	تراکتور
Treno	قطار
Zattera	قایق

Verdure

سبزیجات

Aglio	سیر
Broccolo	کلم بروکلی
Carciofo	کنگر فرنگی
Carota	هویج
Cetriolo	خیار
Cipolla	پیاز
Fungo	قارچ
Insalata	سالاد
Melanzana	بادمجان
Patata	سیب زمینی
Pisello	نخود فرنگی
Pomodoro	گوجه فرنگی
Prezzemolo	جعفری
Rapa	شلغم
Ravanello	تربچه
Scalogno	موسیر
Sedano	کرفس
Spinaci	اسفناج
Zenzero	زنجبیل
Zucca	کدو تنبل

Vestiti

لباس

Abito	لباس
Braccialetto	دستبند
Calzini	جوراب
Camicetta	بلوز
Camicia	پیراهن
Cappello	کلاه
Cappotto	کت
Cintura	کمربند
Collana	گردنبند
Gonna	دامن
Grembiule	صحن
Guanti	دستکش
Jeans	شلوار جین
Maglione	ژاکت
Moda	مد
Pantaloni	شلوار
Pigiama	لباس خواب
Sandali	صندل
Scarpa	کفش
Sciarpa	روسری

Virtù #1

فضایل #1

Affascinante	جذاب
Affidabile	قابل اعتماد
Appassionato	پرشور
Artistico	هنری
Buono	خوب
Curioso	کنجکاو
Decisivo	قاطع
Divertente	خنده دار
Efficiente	کارآمد
Generoso	سخاوتمندانه
Indipendente	مستقل
Intelligente	باهوش
Modesto	فروتن
Paziente	بیمار
Pratico	عملی
Pulito	تمیز
Utile	مفید

Congratulazioni

Ce l'hai fatta!

Speriamo che questo libro vi sia piaciuto tanto quanto a noi è piaciuto concepirlo. Ci sforziamo di creare libri della più alta qualità possibile.
Questa edizione è progettata per fornire un apprendimento intelligente, di qualità e divertente!

Le è piaciuto questo libro?

Una Semplice Richiesta

Questi libri esistono grazie alle recensioni che pubblicate.

Puoi aiutarci lasciando una recensione
ora a questo link ?

BestBooksActivity.com/Recensioni50

SFIDA FINALE!

Sfida n°1

Sei pronto per il tuo gioco gratuito? Li usiamo sempre, ma non sono così facili da trovare - ecco i **Sinonimi!**

Scrivi 5 parole che hai trovato nei puzzle (n° 21, n° 36, n° 76) e prova a trovare 2 sinonimi per ogni parola.

Scrivi 5 parole del **Puzzle 21**

Parole	Sinonimo 1	Sinonimo 2

Scrivi 5 parole del **Puzzle 36**

Parole	Sinonimo 1	Sinonimo 2

Scrivi 5 parole del **Puzzle 76**

Parole	Sinonimo 1	Sinonimo 2

Sfida n°2

Ora che ti sei riscaldato, scrivi 5 parole che hai trovato nei puzzle n° 9, n° 17 e n° 25 e cerca di trovare 2 contrari per ogni parola. Quanti ne puoi trovare in 20 minuti?

Scrivi 5 parole del **Puzzle 9**

Parole	Antonimo 1	Antonimo 2

Scrivi 5 parole del **Puzzle 17**

Parole	Antonimo 1	Antonimo 2

Scrivi 5 parole del **Puzzle 25**

Parole	Antonimo 1	Antonimo 2

Sfida n°3

Grande! Questa sfida non è niente per te!

Pronto per la sfida finale? Scegli 10 parole che hai scoperto nei diversi puzzle e scrivile qui sotto.

1.	6.
2.	7.
3.	8.
4.	9.
5.	10.

Ora scrivi un testo pensando a una persona, un animale o un luogo che ti piace.

Puoi usare l'ultima pagina di questo libro come bozza.

La tua composizione:

TACCUINO:

A PRESTO!

Tutta la Squadra